CARL SCHMITT

Valores, Técnica, Economicidade e o Guardião da Constituição

O GEN | Grupo Editorial Nacional – maior plataforma editorial brasileira no segmento científico, técnico e profissional – publica conteúdos nas áreas de ciências humanas, exatas, jurídicas, da saúde e sociais aplicadas, além de prover serviços direcionados à educação continuada e à preparação para concursos.

As editoras que integram o GEN, das mais respeitadas no mercado editorial, construíram catálogos inigualáveis, com obras decisivas para a formação acadêmica e o aperfeiçoamento de várias gerações de profissionais e estudantes, tendo se tornado sinônimo de qualidade e seriedade.

A missão do GEN e dos núcleos de conteúdo que o compõem é prover a melhor informação científica e distribuí-la de maneira flexível e conveniente, a preços justos, gerando benefícios e servindo a autores, docentes, livreiros, funcionários, colaboradores e acionistas.

Nosso comportamento ético incondicional e nossa responsabilidade social e ambiental são reforçados pela natureza educacional de nossa atividade e dão sustentabilidade ao crescimento contínuo e à rentabilidade do grupo.

CARL SCHMITT

Valores, Técnica, Economicidade e o Guardião da Constituição

Francisco Bilac M. Pinto Filho

O autor deste livro e a editora empenharam seus melhores esforços para assegurar que as informações e os procedimentos apresentados no texto estejam em acordo com os padrões aceitos à época da publicação, *e todos os dados foram atualizados pelo autor até a data de fechamento do livro.* Entretanto, tendo em conta a evolução das ciências, as atualizações legislativas, as mudanças regulamentares governamentais e o constante fluxo de novas informações sobre os temas que constam do livro, recomendamos enfaticamente que os leitores consultem sempre outras fontes fidedignas, de modo a se certificarem de que as informações contidas no texto estão corretas e de que não houve alterações nas recomendações ou na legislação regulamentadora.

Data do fechamento do livro: 10/03/2020

O autor e a editora se empenharam para citar adequadamente e dar o devido crédito a todos os detentores de direitos autorais de qualquer material utilizado neste livro, dispondo-se a possíveis acertos posteriores caso, inadvertida e involuntariamente, a identificação de algum deles tenha sido omitida.

Atendimento ao cliente: (11) 5080-0751 | faleconosco@grupogen.com.br

Direitos exclusivos para a língua portuguesa
Copyright © 2020 by
FORENSE UNIVERSITÁRIA um selo da **Editora Forense Ltda**.
Uma editora componente do GEN | Grupo Editorial Nacional
Travessa do Ouvidor, 11
Rio de Janeiro – RJ – 20040-040
www.grupogen.com.br

Reservados todos os direitos. É proibida a duplicação ou reprodução deste volume, no todo ou em parte, em quaisquer formas ou por quaisquer meios (eletrônico, mecânico, gravação, fotocópia, distribuição pela Internet ou outros), sem permissão, por escrito, da Editora Forense Ltda.

Capa: Marcelo Chelles
Imagem de capa: Sueddeutsche Zeitung Photo | Alamy Stock Photo
Editoração eletrônica: Hera

Ficha catalográfica

P728c

    Pinto Filho, Francisco Bilac M.
        Carl Schmitt : valores, técnica, economicidade e o guardião da constituição / Francisco Bilac M. Pinto Filho. - 1. ed. - Rio de Janeiro : Forense Universitária, 2021.
        21 cm.

        Inclui bibliografia e índice
        ISBN 978-85-309-8849-4

    1. Schmitt, Carl, 1888-1985. 2. Filosofia. 3. Ciência Política. I. Título.

19-61087   CDD: 100
                                                                        CDU: 1

Leandra Felix da Cruz - Bibliotecária - CRB-7/6135

A Deus Pai Todo-Poderoso, Criador do céu e da terra;

A Jesus Cristo, Nosso Senhor;

À Nossa Senhora, mãe santa dos católicos. Rainha das rainhas.

Totus tuus, ego sum et omnia mea tua sunt.

(*São Luís de Monfort*)

À família, último bastião de resistência ao Estado Total.

Às mulheres de minha vida, Alessandra, Bruna, Luísa e Maria, feminocracia no lar!

Ao povo alemão, sobrevivente de duas grandes guerras e da era das ideologias.

Ao povo brasileiro, sobrevivente de uma República em construção.

A D. Pedro II, o maior estadista brasileiro.

Agradecimentos

Ao Prof. Aquiles Côrtes Guimarães, mestre eterno.

"Portanto, todo aquele a quem muito foi dado, muito lhe será pedido; a quem muito foi confiado, dele será exigido muito mais!"

(Lucas 12, 48)

"J'ai des ennemis, donc je suis."

(Carl Schmitt)

"Platón fue colaborador del tirano Siracusa, y enseñó que no se debe negar un consejo bueno ni siquiera al enemigo. Tomás Moro, el patrono de la libertad espiritual, pasó por muchos estadios e hizo concesiones asombrosas al tirano antes de llegar al punto de convertirse en santo y mártir. Además, en todas las épocas de concentración del poder vale para cada publicista la frase antigua de las Saturnales de Macrobio: non possum scribere in eum qui potest proscribere *[no puedo escribir contra quien puede proscribir]."*

(Carl Schmitt)

Prefácio

A redescoberta de Carl Schmitt na década de 1990 pelos que se opunham ao liberalismo atraiu a atenção de vários pensadores sobre sua oposição ao parlamentarismo representativo e o apoio a um dirigismo estatal da economia.

Suas lições são bem mais profundas do que algumas conceituações sobre suas teorias. Sua aversão ao parlamentarismo na República de Weimar se explica pelo conturbado momento alemão pós-Primeira Guerra.

Ele valoriza o Parlamento, só entende que o Parlamento alemão de Weimar não havia compreendido a era que a nação se encontrava, a era da economicidade da vida. A Constituição de Weimar tratava o alemão como cidadão e não como agente econômico.

Quisessem ou não os espíritos libertários-sociais de Weimar este reconhecimento, a economicidade da vida e a formação dos poderes neutrais (poderes paraestatais) eram muito mais fortes do que a pretensão parlamentar de regrar tudo.

A técnica já dominava a economia ocidental e será a técnica que desencadeará o arrefecimento da função parlamentar em assuntos específicos.

Em uma era de "economização" da vida, o poder mais preparado para enfrentar as exceções fáticas da vida de uma nação é o Poder Executivo.

Por isso, reavaliamos as abordagens de Carl Schmitt a respeito da conceituação do "Conceito de Político" e do "Guardião da Constituição", a partir de vasta bibliografia que vem sendo produzida a respeito dele e de suas obras tanto na América do Norte quanto na Europa.

Fizemos uma abordagem contextualizada em uma tentativa de comprovação da inspiração schmittiana com a leitura de filósofos contemporâneos como Martin Heidegger, Nicolai Hartmann, Max Scheler e Edmund Husserl, sobretudo acerca da esfera dos valores.

A partir de sua obra "O Conceito de Político", Carl Schmitt constrói antíteses binárias, entre elas se destaca a antítese amigo-inimigo para demonstrar que as nações, associações e comunidades só se justificam e conseguem sobreviver quando identificam no "outro" o inimigo potencial.

Schmitt desenvolve a conceituação de que o sistema parlamentar está ultrapassado. O Estado se torna neutro e exige do cidadão respeito incondicional. O Estado alberga a economicidade da vida hodierna e utiliza todas as suas forças para que o atual sistema industrial consumista tenda ao infinito. Os valores se desconstroem. O valor econômico prepondera. O homem perde a espiritualidade e vários de seus valores racionais.

Schmitt preconiza a necessidade da formação de um Estado forte para controlar a tendência econômica da vida.

Ultimamos a análise tendo como premissa a sua obra "O Guardião da Constituição", com a conclusão de que diante da facticidade da economização, tecnologização da vida humana, é imprescindível a construção de uma esfera de poder que esteja preparada para responder aos desafios dessa nova era.

As discussões parlamentares, as morosidades judiciais, não conseguem dimensionar a rapidez indispensável para conduzir a sistematização da economicidade.

A vida econômica das nações tornou-se de tal modo central que os assuntos econômicos passaram a ditar a condução de suas vidas. Qualquer direito ou garantia elevado à Constituição ou a leis com força constitucional não pode deixar de mirar seus olhos na capacidade econômica do Estado e/ou dos entes privados, sob pena de se tornar direitos e/ou garantias sem qualquer supedâneo fático e desembocarem apenas em condições formais, sem quaisquer efeitos materiais.

Muitas constituições ou leis constitucionais têm desprezado essa constatação e têm sido verdadeiras imposturas aos cidadãos que acreditaram possuir ou ter direitos que não podem ser concedidos.

A concretização desses direitos, diante da impossibilidade de materializá-los, passa por um controle que em muitas nações, inclusive em nosso país, ainda se encontra sob o pálio de órgãos jurisdicionais.

É necessária a institucionalização de uma decisão política. O poder mais preparado para enfrentar essas situações é o Poder Executivo.

Juntamente com uma ação direta, o Estado "economicizado" cria poderes paraestatais, ou como chamou Schmitt, poderes neutrais, que conduzem boa parte da vida econômica da nação.

Ao contrário do que se possa imaginar, os poderes neutrais também são poderes políticos e, apesar da relativa independência em relação ao Chefe do Poder Executivo, a sua submissão se dá em torno do "Político" como sinônimo de "Estatal".

Admitir a capacidade técnica do Poder Executivo para tratar da economicidade da vida da nação é o caminho para tornar a realidade fática da vida dos cidadãos e tornar factíveis os ditames expostos nas normas constitucionais.

Rio de Janeiro, março de 2020.

Francisco Bilac M. Pinto Filho

Sumário

Capítulo 1 Carl Schmitt e a Agonia da República de Weimar, 1

1 Uma democracia frágil e as primeiras ideias de Carl Schmitt, 4

2 A opção pela vida acadêmica e as primeiras discordâncias ao regime de Weimar, 9

3 Catolicismo e aproximação com o fascismo, 16

4 A agonia do regime e o ideário do *Kronjurist*, 20

Capítulo 2 Carl Schmitt, Valores, Política e Técnica, 29

1 A tirania dos valores: Donoso Cortés, Ortega y Gasset e Max Scheler, 29

2 Valores constitucionalizados, valores banalizados, valores tiranizados, 38

3 Tecnologia como política , 44

4 Inspiração weberiana para a significação da técnica como irracionalidade, 48

5 A desteologização da vida, sua mecanização e o triunfo da técnica, 50

Capítulo 3 Carl Schmitt: O Conceito de Político, Valor-Contravalor, 58

1 O conceito de político, 58

2 O valor, contravalor, 66

3 A extinção da vontade política?, 71

4 É possível uma vontade política planificada, uma ordem superlegal?, 76

Capítulo 4 A Era das Neutralizações e a Economicidade, 80

1 Neutralizações e despolitizações, 80

2 O Estado econômico e o controle social, 88

3 A economicidade e uma possível ética de valores, 94

Capítulo 5 O Guardião da Constituição e os Poderes Neutrais, 100

1 Pluralismo e concentração de decisão, 100

2 Policracia, 107

3 Constituição como noção absoluta e como noção positiva, 110

4 É indispensável um Guardião constitucional jurisdicional?, 121

5 O guardião político, 125

6 A Constituição Econômica, 130

7 Neutralizações insuficientes. Governo inoperante?, 137

8 Imprescindibilidade do Guardião da Constituição, 140

Bibliografia, 147

Índice, 151

1 Carl Schmitt e a Agonia da República de Weimar

1. Uma democracia frágil e as primeiras ideias de Carl Schmitt. 2. A opção pela vida acadêmica e as primeiras discordâncias ao regime de Weimar. 3. Catolicismo e aproximação com o fascismo. 4. A agonia do regime e o ideário do *Kronjurist.*

Na floresta das Ardenas, próxima à cidade belga de Spa, em 9 de novembro de 1918, está estacionado o vagão do homem mais poderoso da Europa, o imperador Guilherme II.

A Alemanha ferve em greves e badernas. O exército, comandado por Hindenburg, está faminto e desprovido de munições. O alto-comando se reúne na manhã do dia 9 de novembro para parlamentar com o imperador.

Todos com a face preocupada em trazer ao imperador as últimas notícias de Berlim. Hindenburg hesita e não tem a coragem de dizer-lhe o óbvio: é preciso abdicar![1]

Outro general do Estado-Maior Alemão, Groener, diz ao imperador que o exército faminto e cansado não resistirá às rebeliões que se espalham pela Alemanha.

Guilherme II resiste e pede a Hindenburg que o Estado-Maior se reúna e vote pela fidelidade ao trono. Hindenburg não hesita mais. Afirma que o melhor que o imperador tem a fazer é abdicar e deixar o solo belga

---

[1] BLANCPAIN, Marc. **Guillaume II**. 1. éd. Paris: Perrin, 1998. p. 219.

ocupado. Seu trem parte para a fronteira holandesa, e por todo o percurso ouvem-se os maiores despautérios da população que acompanha o lento vagar do trem.

Antes mesmo da formal abdicação, Scheidemann, um socialista moderado, já proclamara a República em Berlim. Fora constituído um governo provisório, sob a presidência de Friedrich Ebert. A renúncia do príncipe sobrinho do imperador à presidência do Conselho, Max von Baden, fora seguida pela assunção de Ebert como novo presidente do Conselho de Ministros. Com a proclamação da República, Friedrich Ebert será seu primeiro presidente.

Este é o momento crucial para muitos alemães. Os extremistas de esquerda, representados por Karl Liebknecht, haviam proclamado, na mesma Berlim, uma república socialista nos moldes leninistas de novembro de 1917.

Os imperadores Guilherme II e Francisco José encarnavam o que a melhor doutrina histórico-política denominava neoabsolutismo. A centralização e o arrefecimento dos poderes legislativos foram as marcas preponderantes nesses dois impérios até a debacle.

Para Francisco José, os primeiros auspícios de liberdade parlamentar já haviam se iniciado nas revoltas de 1848 com a abdicação de seu tio, Ferdinando I. Acirraram-se com a derrota das tropas austro-húngaras para os alemães em Sadowa (1866).[2]

Para Guilherme II, a era democrática ainda levaria algum tempo para incomodá-lo. Ironicamente o inimigo de 1866 seria o aliado de 1914, quando ambos os impérios rumaram para as inexoráveis transformações da democracia.

Um mundo conservador e aristocrático se desmontara repentinamente. As ondas reivindicatórias dos socialistas já eram contemporâneas do reinado de Guilherme I, mas o Império Alemão, tanto quanto o imperador Francisco José, havia resistido às hordas da modernidade o quanto pôde. Muitos alemães e austríacos que se prendiam à velha ordem não podiam compreender a perda da guerra, e, mais do que isso, a perda de valores históricos.

Nações que não estavam preparadas para o debate democrático viveram por centenas de anos sob o pálio de monarquias semiabsolutas.

---

[2] "*A organização dos poderes é o primeiro dos problemas que ele encontra em seu retorno da Itália. A opinião geral era que, após a derrota, os dias do neoabsolutismo estavam contados. A burguesia conseguira se desligar dos problemas. A classe conservadora opunha-lhe um programa federalista em benefício próprio*" (BLED, Jean-Paul. **François-Joseph**. 1. éd. Paris: Fayard, 1987. p. 259).

As revoluções de 1830 e 1848 não conseguiram demover o espírito do "conservadorismo".

Desse modo, novembro de 1918 não significara apenas a abdicação do imperador, mas a mudança completa de olhar o mundo que se transformara. No campo econômico os impérios souberam dar vazão às razões econômicas. Sobretudo o Império Alemão estava bastante preparado para a nova onda econômica que marcaria todo o final do século XIX e o século XX.

Apesar do conservadorismo político, Bismarck soubera aglutinar e formar uma classe empresarial pujante. Mas a formação industrial é sempre acompanhada do êxodo populacional para as grandes cidades. A concentração e as insensibilidades dos primeiros industriais fizeram surgir nesses grandes centros uma classe que fora conquistada pelas ideias de muitos socialistas idealistas surgidos no século XIX.

A Alemanha, império político e econômico, se dividira durante a guerra, mas dividir-se-ia ainda mais durante a República proclamada. Os socialistas obrigaram-na a se render, mas tentariam sem sucesso conquistar o poder. Por muito pouco não o fizeram, mas sua atuação era evidente demais: engendrou as forças opositoras a agir e formar um novo sistema que se dizia "novo", mas resgatava muitos valores que haviam sido perdidos durante 20 anos de República democrática.

Carl Schmitt, nascido em 1888 na cidade de Plettenberg, Westphalia, foi criado em uma família católica apostólica romana em uma região dividida entre o catolicismo e o luteranismo.

Na era moderna, ressalvado um curto espaço de tempo que vai da vitória de Napoleão em Jena (ou Iena), em 1807, até 1813, quando a Westphalia tornou-se um Estado autônomo, vassalo ao Estado francês, após o início das derrotas napoleônicas a Westphalia volta a fazer parte da grande Prússia, que seria o berço da formação moderna alemã.

Mesmo a casa reinante na Prússia, os Hohenzollern, sendo de fé luterana, a noção de unidade imperial sempre atraiu as preferências políticas do jovem Carl Schmitt.

Como muitos alemães de seu tempo, Carl Schmitt e muitos de seus contemporâneos católicos acreditavam na restauração do Sacro Império Romano Germânico, sob a batuta prussiana e com adesão dos Estados católicos do sul alemão. A concretização desse 3º Reich seria o resgate da cultura helênica, formadora da "ossatura" ocidental.

Muitos dos pensadores contemporâneos a Carl Schmitt acreditavam que esse resgate se daria com a formação de um grande Estado exclusivamente alemão que poderia ou deveria deter as "hordas" orientais que viessem a invadir a Europa, e, mais tarde, como se confirmou, como um Estado herdeiro da cultura ocidental contra o marxismo que se agigantava.

1 Uma democracia frágil e as primeiras ideias de Carl Schmitt

Friedrich Ebert aglutinou a oposição mais moderada ao Império, e com a abdicação do imperador conseguiu convocar eleições para julho de 1919. O novo Parlamento se reuniria na cidade onde Goethe passara boa parte de sua vida, Weimar.

O poder do imperador foi substituído por um presidente da República, com possibilidade de editar decretos em circunstâncias excepcionais. Apesar da moderação de Ebert, o poder excepcional foi utilizado desmesuradamente. Nada mais que 136 decretos emergenciais foram promulgados pelo presidente da República. Governos legitimamente eleitos na Turíngia e na Saxônia foram depostos pelo presidente.[3]

O artigo 48 da Constituição permitia ao presidente da República a utilização de poderes excepcionais.[4] Além desse artigo, o artigo 25 permitia que o presidente do Reich dissolvesse o Parlamento (*Reichstag*) e convocasse novas eleições em 60 dias. A única restrição era que, sob uma mesma causa, somente poderia haver uma única dissolução.[5]

---

[3] EVANS, Richard J. **A chegada do terceiro Reich**. 1. ed. São Paulo: Planeta, 2010. p. 125.

[4] Artigo 48 da Constituição de Weimar: *"Se um Estado não consegue manter os deveres que lhe são impostos pela Constituição ou leis nacionais, o Presidente do Reich pode compeli-lo a tal por meio da utilização das forças armadas.*

Se a segurança e a ordem públicas estiverem em perigo ou incontroláveis dentro do território nacional, o Presidente do Reich pode tomar as medidas que entender necessárias para restaurar a ordem e a segurança públicas, se necessário com a ajuda das forças armadas. Para esse propósito ele pode, temporariamente, suspender de forma completa ou parcial os artigos 114, 115, 117, 118, 123, 124 e 153.

O Presidente do Reich deve, imediatamente, comunicar seus atos ao Parlamento (Reichstag) sobre todas as medidas tomadas concernentes às duas hipóteses enunciadas nos parágrafos acima. Caso as considere desnecessárias, o Parlamento poderá revogá-las.

Se houver perigo na demora, o próprio Ministro de Estado responsável pelo território onde haja conflagração pode tomar, temporariamente, as medidas enunciadas no parágrafo 2º. Sob resolução do Presidente do Reich ou do Parlamento (Reichstag), essas medidas poderão ser revogadas.

A regulamentação dessas hipóteses será feita por meio de lei nacional".

[5] Os historiadores e juristas não se lembram que o Presidente do Reich poderia ser destituído pelo povo em plebiscito (art. 43). Para que isso acontecesse, o Reichstag deveria aprovar, por 2/3 dos votos, a realização do plebiscito. Caso fosse realizado e se decidisse

1 Carl Schmitt e a Agonia da República de Weimar

Mas o espírito alemão conservador não arrefecera. Monarquistas e republicanos conservadores não perdoavam o fato de um político socialista ocupar o lugar que um dia fora do imperador. Todos os recursos possíveis foram utilizados para desacreditá-lo. Afinal, como socialista, no último ano da guerra ele participara de muitas discussões com sindicalistas de indústrias bélicas no sentido de demovê-los da continuidade das greves. Para os conservadores, Ebert, efetivamente, participara de movimentos grevistas e não era confiável.

O pai de Carl Schmitt, no decorrer do final do século XIX, participara da formação política católica denominada *Zentrum*. Era o partido mais influente na região da Baviera, mas aglutinava os católicos de todo o reino. A aproximação da família de Carl Schmitt com a doutrina católica e sua militância era mais do que esperada. Seus primeiros escritos foram publicados justamente em periódicos católicos, onde o jovem Carl Schmitt demonstrava uma séria aversão à Reforma protestante, que inaugurara a era moderna e o período de descristianização, pela afirmação de que todas as instituições políticas do Reino eram, em verdade, a secularização das teorias teológicas desenvolvidas pela Santa Igreja em mais de 17 séculos de afirmação como religião oficial de todas as principais nações europeias.

Em 1906, Carl Schmitt entra para a Universidade de Berlim. Em Berlim, ele ficou apenas um ano, transferindo-se posteriormente para Munique e Estrasburgo.

Sua paixão inicial fora o direito romano, mas, aos poucos, apesar da influência paterna, que gostaria que o filho seguisse a carreira sacerdotal, Carl Schmitt se engaja no estudo do Direito, sobretudo da jurisprudência alemã.

Estrasburgo era um dos centros do pensamento neokantiano, que reatava a tradição de "ciências do espírito" com o idealismo alemão. Na universidade estudava-se também Laband, representante do positivismo que Schmitt não cessaria de atacar.[6]

Seu primeiro orientador foi Fritz van Calker. Calker tinha inclinação pelo estudo do direito criminal. Acreditava que o direito não poderia ser uma mera inferência de conceituações jusnaturalistas ou juspositivistas. Calker

---

pela deposição, o presidente deveria deixar o cargo imediatamente. Caso não fosse aprovada a sua deposição, a decisão popular equivalia a uma reeleição, e o Reichstag estaria automaticamente dissolvido.

[6] CUMIN, David. **Carl Schmitt –** Biographie politique et intellectuelle. 1. éd. Paris: Éditions du Cerf, 2008. p. 32.

se interessava pelos valores morais e políticos como fonte do direito. Esse direcionamento político-moral na análise do direito teve grandes influências sobre dois de seus principais alunos: Carl Schmitt e Max Ernst Mayer.

Para David Cumin, a origem do decisionismo schmittiano está ligada à essência de um direito político, internalizada nessa fase de orientação de van Calker.[7]

Os primeiros textos jurídicos de Schmitt se engajam no movimento de Direito Livre (*freies Recht*), em oposição ao crescente juspositivismo. O movimento do Direito Livre não se interessava apenas pela inserção de novos métodos de análise da ciência jurídica, mas desenvolvia uma crítica contundente acerca dos fundamentos da teoria e da prática do Direito, especialmente relacionadas ao silogismo e à subsunção.

Muitos doutrinadores atuais realçam em Carl Schmitt o esboço de teorias muitas vezes contraditórias. Essas acusações, algumas procedentes, não devem ser encaradas como mero silogismo de deduções retiradas de obras distintas, escritas em momentos diversos. Carl Schmitt, como a maioria dos filósofos políticos, é fruto de uma época, embora nitidamente busque perenizar seu pensamento na caracterização de conceitos que possam abarcar situações pretéritas e presentes.[8]

Paralelamente às suas atividades acadêmicas, Schmitt, como estudante ambicioso, aos poucos se infiltrava nos meandros na elite intelectual e artística de Munique e Estrasburgo. Teve relações de amizades com vários artistas e escritores nos anos de sua formação intelectual, que vão de 1910 a 1920.[9]

Em 1915, Schmitt se voluntaria para a guerra. Em exercícios de treinamento ele se machuca e, graças à sua formação universitária, é direcionado ao

---

[7] CUMIN, David. **Carl Schmitt** – Biographie politique et intellectuelle, p. 33.

[8] "*O fato de Schmitt escrever tendo sempre em mente circunstâncias históricas concretas contribui para que haja uma grande variação nas linhas secundárias da sua obra. Uma análise mais abrangente não pode lidar com elas como se fossem elementos fundantes, dotados de plena autonomia teórica. Do contrário a análise estaria condenada a um sem-fim de inúteis casuísmos, que perderiam a razão de ser na medida em que os elementos teóricos lançados por Schmitt se relacionassem como elos de uma ampla cadeia lógico-argumentativa, onde o todo é composto por partes não sequenciais*" (ALMEIDA FILHO, Agassiz de. **Fundamentos do direito constitucional**. 1. ed. Rio de Janeiro: Forense, 2007. p. 35).

[9] Schmitt se relacionava com vários escritores alemães que já tinham alguma proeminência na literatura, em especial Konrad Weiss, Robert Musil, Hugo Ball e Theodor Däubler. A Theodor Däubler ele dedicaria um livro, **Theodor Däubler** – Nordlicht, em 1916. Schmitt encontrava na poesia de Däubler uma crítica espiritual à modernidade e ao liberalismo. "Nordlicht", que poderíamos traduzir por Aurora Boreal, era um poema épico que refletia a adoção por Däubler de características "expressionistas". O poema foi escrito por Däubler durante uma viagem à Itália, e é rico em imaginação, sonhos, conceitos religiosos e filosóficos.

1 Carl Schmitt e a Agonia da República de Weimar

serviço burocrático em Munique, onde passaria o resto da guerra. A partir de 1916, como suboficial de Intendência, ele é encarregado de administrar os efeitos jurídicos que o Estado de Sítio causava a toda a população, desde a mobilização geral decretada pelo imperador. Além disso, em Estrasburgo ele dava aulas sobre o Estado de Sítio para que alunos e profissionais entendessem os efeitos da medida excepcional sobre os direitos dos súditos reais. É desse período sua convicção acerca da necessidade do estabelecimento de uma ditadura para a manutenção da ordem.[10]

Uma de suas funções era a fiscalização da propaganda de guerra do inimigo e da imprensa socialista, que noticiava a necessidade de uma paz incondicional. Nesse período, formam-se em Schmitt algumas de suas características estilísticas marcantes: sua afeição pela linguagem política, em detrimento de uma cientificidade puramente jurídica; a criação de frases incisivas que caracterizariam vários de seus escritos posteriores e a combatividade aos escritos e ideias da esquerda radical alemã que propagandeava o derrotismo.

Começa aí sua associação de que a democracia parlamentar que se desenvolveria em Weimar era produto da propaganda da esquerda socialista e do inimigo externo, todos unidos contra o Estado militar prussiano, ao qual era subordinado e admirava. Para Schmitt, apesar de todo o preparo bélico que as forças alemãs mantinham no campo de batalha, faltava às forças armadas uma idealização da guerra como virtude, como resolução dos males nacionais diante de tantas nacionalidades envolvidas no conflito.

Para Schmitt, era necessário desenvolver o "espírito guerreiro" no Alto Comando Alemão para que esse pudesse se opor à propaganda aliada, muito mais bem elaborada e com resultados surpreendentes sobre a moral de suas tropas.

Com o fim do conflito muitos intelectuais alemães ainda persistiam na diferenciação entre a formação alemã tradicional (*Kultur*) e a ocidentalização que havia tomado conta das democracias ocidentais. Para Schmitt, mesmo que sob o pálio do Império, no cotejamento de valores a Alemanha Imperial se igualava às democracias ocidentais, pois já desenvolvera, em alguns setores até mais do que as demais nações, um ideário de mecanização, racionalização e desencantamento. Todos esses fatores já identificados nos escritos de Klages, Rathenau e Weber.[11]

Apesar desse desencantamento pela conjunção de um novo ideário filosófico com as tradicionais ideais do pangermanismo de muitos escritores

---

[10] CUMIN, David. **Carl Schmitt** – Biographie politique et intellectuelle, p. 38.
[11] CUMIN, David. **Carl Schmitt** – Biographie politique et intellectuelle, p. 39.

do século XIX, Schmitt ainda acreditava na oposição ao parlamentarismo pelo (1) estabelecimento de um regime forte, próximo à ditadura, na oposição ao liberalismo econômico; (2) preconizando o dirigismo estatal de determinados setores produtivos e na oposição à ocidentalização completa da Alemanha, ele propunha (3) o reconhecimento do país como um obstáculo à orientalização da *Mitteleuropa*. Esse receio da orientalização europeia era aumentado pela consolidação da Rússia bolchevique como centro de gravidade das novas ideias sociais sobre a forma de produção capitalista.

No campo pessoal o presidente socialista Ebert se descuidara da saúde, e uma apendicite retirara-lhe a vida em 28 de fevereiro de 1925. Haveria um novo embate entre as forças conservadoras e os socialistas. Os conservadores optaram pelo generalíssimo Paul von Hindenburg que, apesar da assunção do armistício como única saída em novembro de 1918, ainda era relembrado no ideário do populacho como o vencedor de Tannenberg sobre os russos. Tinha a completa confiança dos conservadores e das classes economicamente influentes. Do Sul vinha a maior ameaça à eleição de Hindenburg. O partido católico apoiava seu líder, Wilhelm Marx. Marx havia sido Chanceler sob a presidência de Ebert, e sua penetração no sul alemão era incontestável. Contudo, muitos bávaros conservadores temiam o apoio ao seu partido (*Zentrum*) e a consolidação da candidatura socialista.

Hindenburg vence as eleições por larga margem. Para a direita conservadora era praticamente a renovação monárquica que se instaurara. Ao contrário do que muitos conservadores esperavam, Hindenburg seguira à risca a Constituição de Weimar, mas, com o avançar da idade já não tinha muita força para os embates políticos que demandavam o sistema parlamentar. A democracia parlamentar alemã se transformara em sinônimo de instabilidade.[12]

Hindenburg, com o apoio de vários assessores partidários do conservadorismo, aos poucos foi se convencendo de que um regime forte seria a solução para a frequente instabilidade política alemã.

Outro fator desestabilizador era que a unificação alemã em 1871 se dera com a concessão que Bismarck e Guilherme I fizeram a príncipes que mantinham seus reinados, embora sob o comando nacional do imperador. Dois se destacavam com mais proeminência, o Rei da Baviera

---

[12] "[...], *as mudanças de governo na República de Weimar eram muito frequentes. Entre 13 de fevereiro de 1919 e 30 de janeiro de 1933 houve nada menos que vinte gabinetes diferentes, cada um durando em média 239 dias, ou pouco menos que oito meses*" (EVANS, Richard J. Op. cit. p. 129).

e o Grão-Duque de Baden. Como o imperador, em novembro de 1918 ambos foram destituídos, no entanto as estruturas federais que reconheciam as regionalidades se mantiveram intactas.

Surge daí o reflorescimento de regionalismos. O Partido do Povo Bávaro, que representava o catolicismo em uma nação protestante, era de grande influência na formação de todos os gabinetes. De envergadura conservadora, sua atuação se pautava pelos valores morais da família católica e era aliado comprometido da direita nacional, o Partido do Povo.[13]

Em muitas ocasiões, os bávaros, independentemente da filiação partidária, faziam com que as políticas nacionais de chanceleres pouco simpáticos às suas bandeiras penassem para obter maiorias no Parlamento. A Baviera, juntamente com a Prússia, fora dos reinos históricos na formação alemã. Sua definição em prol de uma grande Alemanha somente se deu após a derrota dos austro-húngaros em Sadowa, em 1866. Até aquele ponto, a Baviera era uma contumaz aliada do Império de Francisco José e o apoiava constantemente no Parlamento de língua alemã estabelecido em Frankfurt.

Uma das condições da vitória prussiana em 1866 foi a desistência do Império Austro-Húngaro de dirigir a política dos falantes da língua alemã a partir daquela data.[14] Assim, o poder histórico dos Habsburgos foi substituído pela força dos prussianos, com uma monarquia bem menos conhecida pelo mundo ocidental, mas não menos antiga que os Habsburgos.[15]

2 A opção pela vida acadêmica e as primeiras discordâncias ao regime de Weimar

Em 1921, Carl Schmitt é nomeado professor de Direito Público na Universidade de Greifswald. Já no ano seguinte, ele consegue ser transferido para Bonn, onde havia uma universidade com maior prestígio no espectro universitário.

Em Bonn, Carl Schmitt permanece até 1928, quando é convidado para ministrar aulas em Berlim, na Escola Superior de Comércio, para suceder Hugo Preuss, o próprio fundador e redator da Constituição de Weimar.

---

[13] A Baviera é o maior estado alemão em extensão territorial e o segundo em população.
[14] A união dos povos de língua alemã se tornou concreta com a assinatura, em 1818, de um tratado econômico estabelecendo privilégios para todos os estados produtores que falassem alemão. Era uma forma de integração das populações de língua alemã e um posicionamento contra o Reino francês que assustara a todos com as vitórias napoleônicas não muitos anos antes da celebração do tratado. É conhecida como união aduaneira alemã (*Zollverein*).
[15] Aliás, a casa dos Hohenzollern data do século XI, tem origem na Suábia, mais exatamente na cidade de Henchigen.

Carl Schmitt escrevia em várias revistas católicas e jurídicas. Seus melhores textos são escritos entre 1921 e 1932. Em 1923, ele escreve *Die geistesgeschichtliche Lage des heutigen Parlamentarismus*, traduzido para o português como *A Crise do Parlamentarismo Democrático*. Muitos autores encaram essa obra como a grande contribuição de Schmitt para a afirmação do poder do nacional-socialismo a partir de 1933.

Schmitt negou categoricamente essa aproximação ao nacional-socialismo. Segundo ele, suas teorias eram justamente uma tentativa de resistência aos extremos que se apresentavam na República de Weimar, os socialistas bolcheviques de um lado e os nacional-socialistas, apoiados pelas classes conservadoras, de outro.

Para um povo que recentemente saíra de uma conjunção política imperial, onde a instituição parlamentar funcionava, mas apenas quando e de acordo com a vontade imperial, a abertura completa para que cada um dos cidadãos pudesse se manifestar da maneira que bem lhe aprouvesse, a extrema facilidade de se criar partidos e as dificuldades enfrentadas por todos os presidentes para formar gabinetes refletiam naquele povo conservador instintos sérios de aversão ao parlamentarismo e à desordem que ele causava. O mais se diga, após a deflagração da crise econômica iniciada na América em 1929, e sentida no continente europeu a partir do ano seguinte.

Schmitt, em seu livro sobre a crise parlamentar, era o único doutrinador da época que fazia uma diferenciação nítida entre o que seria a democracia e o que seria o parlamentarismo.[16] Para ele, o Parlamentarismo tem dois princípios basilares: diálogo e abertura.[17] Desde a formação dos grandes parlamentos, a partir das revoluções de 1848, eles se formaram com a abertura, ainda que gradual, para a participação popular e a participação de associações, igrejas, comunidades. A abertura em Schmitt significava a transparência do poder. As decisões de Estado não eram mais tomadas apenas pelo imperador ou por seu gabinete, em salas fechadas

---

[16] *"No último século poucos perceberam esse fenômeno, porque o parlamentarismo avançou simultaneamente ao conceito democrático, sem que ambos pudessem ser cuidadosamente distinguidos um do outro"* (SCHMITT, Carl. **The crisis of parliamentary democracy**. 1. ed. Cambridge: Massachusetts Institute of Technology Press, 1988. p. 2).

[17] Na tradução para a língua inglesa, o temor utilizado pelo tradutor foi *"discussion"*. Como na língua portuguesa há mais de um significado para a tradução literal de "discussão", optamos por traduzi-la como "diálogo". Embora admitamos que no seio parlamentar possa existir a discussão positiva de prós e contras de uma proposição, muitos poderão pender para a significação pejorativa da palavra, que é a defesa apaixonada de ideias e projetos, desentendimentos, brigas. Ainda que no seio parlamentar possamos nos defrontar com ambas as situações, acreditamos que o melhor significado, para os fins de exame da principiologia do Parlamento, seja o substantivo "diálogo".

e sob segredo. Na era parlamentar a *Arcana Imperii* estava proscrita. E se formaram também com o diálogo aberto no seio parlamentar (*intramuros*) e com a própria sociedade.[18]

Schmitt tinha receio de que o povo alemão testasse outros meios de governar que fugissem do desenho parlamentar. Ainda que relativizada, a sustentação parlamentar era histórica em muitos Estados alemães. Desde as derrotas napoleônicas os povos de língua alemã se reuniam em Frankfurt para decidir sobre seus interesses econômicos. Em 1849, criaram, *de jure*, o Império alemão com a proclamação na mesma cidade de Frankfurt da Constituição do Império alemão, mais conhecida como Constituição de Frankfurt ou *Paulskirchenverfassung*. O Parlamento do Império era constituído por uma câmara baixa (*Volkshaus*) escolhida pelos eleitores do sexo masculino que podiam votar, e uma câmara alta (*Staatenhaus*) que, em verdade, era a representação de todos os Estados alemães com número certo de representantes. Metade era indicada pelo governante do estado e metade pelas legislaturas locais.

O parlamentarismo, na concepção schmittiana, era superior intelectualmente às ditaduras ou às consultas diretas ao povo. A existência de um órgão parlamentar era o menor dos males, pois somente um órgão onde a sociedade poderia se manifestar, ainda que por meio de representantes, era melhor do que as alternativas visíveis ao seu tempo, a ditadura e/ou o bolchevismo. Era apenas no regime parlamentar que se poderia encontrar a liberdade de manifestação e a imunidade dos representantes eleitos. Em outros cenários esses direitos não sobreviveriam.

Acerca da heterogeneidade do parlamentarismo, Schmitt recorda que há, sim, uma heterogeneidade de propósitos, mas não uma heterogeneidade de princípios. Os parlamentos são formados por representantes de toda a nação, e é natural que divirjam, que tomem partido de determinadas classes, que defendam interesses particulares, mas todos ali presentes devem concordar que há homogeneidade nos princípios basilares: diálogo e abertura.

Já o regime democrático exige a homogeneidade como sinônimo da erradicação da heterogeneidade. Para Schmitt, o regime democrático é

---

[18] *"Onde há liberdade de imprensa, o mau uso do poder é impensável; um simples jornal pode destruir o mais poderoso tirano; a imprensa escrita é a base da liberdade, 'a arte que cria a liberdade'"* (SCHMITT, Carl. The crisis of parliamentary democracy, p. 38). Nesta afirmação pode-se encontrar certa ingenuidade de um jurista como Carl Schmitt. À época, já era nítida a ação dos poderes político e econômico sobre a imprensa, chamada "livre". A partidarização da imprensa alemã era incontestável. A cooptação da mídia é uma realidade de outrora e que se agudizou atualmente. A existência de uma imprensa idealmente livre não é o remédio para a limitação do poder.

aquele onde não apenas os iguais são iguais, mas que os desiguais serão tratados de forma igualitária. *"A Democracia requer, então, primeiramente homogeneidade e, em segundo lugar, se a necessidade clamar, a eliminação e a erradicação da heterogeneidade"*.[19]

A homogeneidade a que Schmitt se refere está inscrita no centro da concepção de igualdade. O conceito de igualdade deve ser encarado como substância do regime, ele é intrínseco a qualquer regime democrático. Mesmo que existam desigualdades naturais, fáticas, é indispensável que a formação estatal enxergue que todos são iguais perante o Estado, e mesmo os desiguais, respeitando a sua desigualdade, devem ter tratamento igualitário.

A substância da igualdade emana da própria noção de desigualdade. A igualdade deve ser encarada como ideia *mater* da conjunção da pátria. A mera igualdade entre os indivíduos não é democrática, para Schmitt, é apenas um reflexo da concepção liberal na política. A verdadeira igualdade se manifesta na homogeneidade de todo um povo.

A igualdade como substância para Schmitt, o que podemos interpretar, é um modo de consolidação da natureza germânica ocidental que ele procurava impingir à recente nação alemã derrotada em 1918. Todos os distúrbios surgidos com a radicalização política causavam em muitos intelectuais a sensação de perda da obra de 1871. Era preciso liderar o povo alemão para adesão completa, e a democracia fazia parte dessa união. Como o espectro democrático já se tornara centenário em solo alemão, não apenas como ideário político, mas como ideário sociocultural dos povos ocidentais, a luta contra a ideia democrática não teria sucesso.

Nesse ponto, Schmitt opõe liberalismo individual e democracia. O liberalismo individual centra suas atenções sobre o indivíduo e sua realização, a democracia pretende ter uma conceituação política e busca homogeneizar a nação por meio de uma identidade única. A concepção liberal de igualdade prescreve que cada indivíduo é igual ao outro. A concepção democrática, no entanto, requer a possibilidade de distinção daquele que pertence ao povo (*demos*) e daquele que é externo ao *demos*. Por essa razão, a igualdade não pode existir sem a direta correlação com a desigualdade.[20]

Essa identificação única por meio da homogeneidade poderia ter levado muitos a interpretar as afirmações de Carl Schmitt como apoio ao pensamento único, ao ideário único, ao partido único.

---

[19] SCHMITT, Carl. **The crisis of parliamentary democracy**, p. 9.
[20] MOUFFE, Chantal. **The democratic paradox**. 1. ed. London: Verso, 2000. p. 39.

1 Carl Schmitt e a Agonia da República de Weimar

Não me parece ser esse o objetivo de Schmitt ao preconizar a necessidade da unidade. Era preciso reunir o povo alemão, envolto e disperso pelas ideologias. A força democrática, naquele momento, era insubstituível, por isso o seu clamor por uma unidade na desunião. Era indispensável unir o povo alemão em um objetivo comum.

Schmitt não nega sua consciência acerca da origem da recente democracia alemã. Ele sabia que fora da sociedade aristocrática que lentamente a democracia emergira.[21] Os princípios aristocráticos ainda eram muito presentes na sociedade em que estavam inseridos, mas não nega a força que a ideia democrática tomava com a socialização dos modos de ser alemães.

A nossa dúvida, não a dele, era se a sociedade alemã efetivamente se livrara da concepção aristocrática de viver, o pertencimento a uma determinada classe e o fato de ver no outro uma diferenciação evidente.[22] A sociedade alemã do início do século XX era essencialmente uma sociedade aristocrática, apesar das conquistas do parlamentarismo que datavam do início do século XIX.

A igualdade completa não tinha sentido e era fruto da ideia liberal, e não da ideia democrática. O conceito democrático é um conceito político, e por ser político tem de necessariamente assumir a existência do contrário, da desigualdade. Para Schmitt, a esfera democrática, como princípio político, só se concretizava em níveis específicos de um povo, não era possível pensar em uma democracia universal.[23] A democracia não é significado de humanidade, mas de conceito de povo, como conceito político.

Nesse ponto, pode-se perceber um olhar fenomenológico na teorização de Schmitt, ou mesmo uma dificuldade para detectar a essência democrática em solo alemão. Na busca de essências do que considera *democracia*, Schmitt pensa por si próprio, pensa a sua nação, e essas noções essencialmente culturais prestam mais a acomodar um modelo cultural

---

[21] LE GROS, Robert. **O advento da democracia**. 1. ed. Lisboa: Instituto Piaget, 1999. p. 40.

[22] "[...] *as hierarquias estabelecidas parecem originais no sentido em que não parecem de origem humana: impõem-se como se elas próprias estivessem na origem das diversas maneiras de pensar, de agir, nas origens das diversas maneiras humanas de viver, na origem das diversas maneiras de existir e de coexistir. Uma aristocracia só é plenamente aristocrática (uma sociedade só está fundada no princípio hierárquico) na medida em que as hierarquias que a estruturam e aí regulam as relações humanas parecem originais, não deixam aflorar qualquer origem humana*" (LE GROS, Robert. **O advento da democracia**, p. 42).

[23] Não se pode acusá-lo, com esses conceitos, de preconizar uma democracia estritamente racial como alguns intelectuais faziam de seus escritos (MOUFFE, Chantal. **The democratic paradox**, p. 40).

de democracia e parlamentarismo do que propriamente um modelo universal, se é que é possível essa definição conjunta e universal.[24]

Essas ideias de Schmitt são constantemente consideradas como de abertura e prospecção para o nacional-socialismo. Afinal, se a democracia não podia ser universal, e sim cultural, essas afirmações permitiriam a cada povo criar o seu próprio sustentáculo democrático. E fora isso que o nacional-socialismo tentara levar os alemães a acreditar: a necessidade de formar um único povo, uma única vontade, um único partido, enfim, um estado forte que "recebesse" a todos os que fossem verdadeiramente alemães.

Se a democracia, ainda que sob o pálio de um ideário de universalidade (embora nitidamente cultural alemão), prescrevia a existência da unidade popular e o respeito a uma autoridade única (*Führerstaat*), ela se aproximava com bastante nitidez do modelo imperial que sucumbira *de jure* em novembro de 1918, mas *de facto* prevalecia na mente de boa parte da elite alemã. Nos dizeres de um pensador conservador do século XVIII, que pode traduzir bem o pensamento reinante entre as classes pensantes alemãs:

> Na Monarquia, tudo é social: religião, poder, distinções; no Estado popular, tudo é individual, cada um tem a sua religião, cada um tem o seu poder, cada um deseja distinguir-se ou dominar pelos seus talentos ou pela sua força. Na Monarquia, porque o poder é social, seu limite está nas instituições sociais; nas democracias, porque o poder é individual, seu limite está no homem. A Monarquia considera o homem na sociedade, o membro da sociedade, o homem social; a República considera o homem fora da sociedade, o homem natural. E, como a sociedade é feita para o homem e o homem para a sociedade, a Monarquia, que considera o homem nas suas relações com a sociedade, convém ao homem e à sociedade. E a República, que considera o homem sem relação com a sociedade, não convém nem à sociedade nem ao homem.[25]

---

[24] *"Supor que todas as humanidades estão encerradas na sua cultura, que a inteligibilidade quotidiana do mundo é pura e natural (um mundo que parece natural, evidente), é o mesmo que se supor que a experiência humana pode ser fictícia de parte a parte. [...] Abreviando, a hipótese culturalista – todas as humanidades estão encerradas na sua cultura – é perfeitamente idêntica à hipótese do gênio maligno tal qual Descartes a expressou. O mesmo é dizer que a hipótese do gênio maligno (traduzida na forma da hipótese culturalista) tornou-se, hoje, muito menos inverossímil do que parecia aos contemporâneos de Descartes. Poderemos nós ultrapassá-las?"* (LE GROS, Robert. **O advento da democracia**, p. 391).

[25] BONALD, Louis de. **Théorie du pouvoir**. t. II, p. 358. *Apud* KOYRÉ, Alexandre. **Estudos de história do pensamento filosófico**. 2. ed. Rio de Janeiro: Forense Universitária, 2011. p. 139-140.

Não resta dúvida de que o crescente sistema de organização capitalista impusera a individualização ao homem. A valorização do dinheiro e de uma profissão tornou-se um *ethos* para os ocidentais, e os alemães levavam essas lições bastante a sério.[26]

> O Império alemão fora das primeiras nações que criaram sistemas de proteção social aos trabalhadores, mas essa criação era um reflexo direto do avançado ideário econômico que se apossara das mentes nacionais. Era possível ficar adstrito a uma concepção única da homogeneidade social tendo o controle imperial de poder como aglutinador nacional, ou era necessário que o homem alemão partisse para buscar a própria individualização por meio da satisfação exclusivamente econômica de suas necessidades?

O modo de pensar valores quase que exclusivamente econômicos suprimira a honra como critério diferenciador. Se a honra é suprimida, uma nova homogeneização precisa ser buscada, e o parlamentarismo, embora ainda restrito a uma população masculina, seria a resposta para a busca da unidade perdida.

Carl Schmitt é o defensor de Weimar, é o adepto do plebiscito, se fosse necessário para unir o povo alemão. Em caso de distúrbio sua primeira propensão era por uma "ditadura comissária" para justamente salvar a Constituição. Pelas fontes romanas históricas ele estabelece que a ditadura é:

> uma sábia invenção da república romana, o ditador é um magistrado romano extraordinário que é estabelecido após a expulsão dos reis a fim de que exista um poderoso *imperium* durante os períodos de conflagração, cujo poder não é limitado como eram os poderes dos cônsules, pelo colegiado, pelo direito de veto dos tribunos da plebe e pela *provocatio ad populum* (apelo ao povo). O ditador, que é designado pelo Cônsul, sob a requisição do Senado, tem por missão pôr fim à situação perigosa que é justamente a razão de sua nomeação, seja deflagrando uma guerra (*dictadura rei gerendae*), seja reprimindo uma sedição interior (*dictadura seditionis sedandae*).[27]

---

[26] *"De fato: essa ideia singular, hoje tão comum e corrente e na verdade tão pouco autoevidente, da* profissão como dever, *de uma obrigação que o indivíduo deve sentir, e sente, com respeito ao conteúdo de sua atividade 'profissional', seja ela qual for, pouco importa se isso aparece à percepção espontânea como pura valorização de uma força de trabalho ou, então, de propriedades de bens (de um 'capital') – é essa ideia que é característica da 'ética social' da cultura capitalista e, em certo sentido, tem para ela uma significação constitutiva"* (WEBER, Max. **A ética protestante e o "espírito" do capitalismo**. 1. ed., 9. reimpressão. São Paulo: Companhia das Letras, 2004. p. 47).

[27] SCHMITT, Carl. **La dictature**. 1. éd. Paris: Éditions du Seuil, 2000. p. 23.

No pensamento de Carl Schmitt, apenas o presidente do Reich era a autoridade com a necessária força para conter os distúrbios e impor a homogeneização social perdida com a queda do imperador. Ele retira de qualquer apreciação judicial os momentos políticos de conflagração. Apenas a autoridade política poderia pôr fim ao distúrbio, e essa autoridade máxima era o presidente do Reich.

> O pensamento schmittiano segue concretamente o que Derrida chama de tradição alemã sobre a doutrina do Estado em sua forma hegeliana. Esta doutrina considera que o Estado é qualitativamente diferente e superior ao corpo social.[28] É como se no ápice do Parlamentarismo democrático se resgatasse a Cidade Antiga, onde o instinto coletivo era inerente à mente de todos os cidadãos. Não havia cidadãos na definição que hoje damos ao indivíduo. Só existia coletividade, e esta coletividade deveria possuir um único líder.

3 Catolicismo e aproximação com o fascismo

Com uma Europa mergulhada no crescente ateísmo desde a Grande Revolução de 1789, a Santa Igreja, conspurcada pelas ações de Garibaldi e da casa de Savoia, via seu poder sucumbir dia após dia. Os Estados pontificais deixavam de existir em nome da formação de uma nova nação, a Itália.

A derrota dos austro-húngaros em Sadowa, em 1866, apesar da vitória das tropas imperiais contra a união dos italianos, os maiores Estados ocidentais europeus, a República francesa e a Prússia e seus aliados estavam francamente favoráveis à formação de um Estado italiano e o consequente enfraquecimento da dinastia dos Habsburgos.

Nesse movimento de repressão ao comando católico sobre os ex-Estados pontificais, o espargimento das igrejas protestantes por todos os Estados europeus e americanos e o crescente ateísmo da população levaram a Igreja Romana a se posicionar francamente contrária ao ideário liberal que ganhava força desde o início do século XIX. O Papa Pio IX edita, em 8 de dezembro de 1864, a carta encíclica *Quanta Cura*, admoestando todos os que pensavam em admitir o culto de outra fé que não fosse a católica.[29]

---

[28] DERRIDA, Jacques. De la hostilidad absoluta. *In*: **Políticas de amistad seguido de el oído de Heidegger**. 1. ed. Madrid: Editorial Trotta, 1998. p. 140.

[29] "[...] *a liberdade de consciências e de cultos é um direito próprio de cada homem, que todo Estado bem constituído deve proclamar e garantir como lei fundamental, e que os cidadãos*

1 Carl Schmitt e a Agonia da República de Weimar

Todos os católicos que ainda acreditavam na hegemonia da Santa Igreja, mesmo diante da organização estatal laica, não podiam deixar de considerar as lições patrísticas. A perda do poder da Santa Igreja era um fato consumado, mas a luta contra as revoluções que a denegriram, sobretudo as heranças de 1789, e o parlamentarismo, filho bastardo da grande Revolução, seriam atacados até onde as forças eclesiais poderiam resistir.

Esse espírito de resistência, mesmo diante da perda de tanto poder, movia os católicos que ainda acreditavam na fé única, inquebrantável, que provinha do clero romano. Carl Schmitt se inseria nessa seara de defensores da força da Santa Igreja. Sua obra de defesa da Santa Igreja é publicada em 1923, *Catolicismo Romano e Forma Política*.

Nessa obra Schmitt defende o caráter insubstituível da Igreja Romana como força agregadora do povo de Deus, o povo universal e a herança deixada pelas suas instituições no amálgama dos Estados modernos europeus.[30]

A Casa de Savoia se unira a Giuseppe Garibaldi. Rei e rebelde se unem na unificação italiana, em 1861. Apesar da oposição francesa, o reino da Itália é formalmente criado em 14 de março. A invasão dos Estados pontificiais, a derrota dos reinos de Nápoles e da Toscana para as tropas de Garibaldi e Vítor Emmanuel criam a desestabilização completa no catolicismo europeu no final do século XIX. Os franceses haviam ajudado a Casa de Savoia na luta contra os austríacos, mas não admitiam a participação de Garibaldi na derrubada do Reino de Nápoles e sua caminhada triunfante rumo a Roma. A queda de Roma para os católicos era uma segunda queda do Império Romano do Ocidente.

A segunda metade do século XIX e o início do século XX são marcados pelo crescimento das ideias socialistas. Esses ideais amedrontavam todas as elites europeias. Era preciso catalisar a força dessas ideias com concessões à nova classe que se formava e clamar pelo fim do aparente (ou real) conflito

---

têm direito à plena liberdade de manifestar suas ideias com a máxima publicidade – seja de palavra, seja por escrito, seja de outro modo qualquer –, sem que autoridade civil nem eclesiástica alguma possa reprimir em nenhuma forma. **Ao sustentar afirmação tão temerária, não pensam nem consideram que com isso pregam a liberdade de perdição, e que se se dá plena liberdade para a disputa dos homens, nunca faltará quem se atreva a resistir à Verdade, confiado na loquacidade da sabedoria humana, mas Nosso Senhor Jesus Cristo mesmo ensina como a fé e a prudência cristã hão de evitar esta vaidade tão danosa**".

[30] *"O Catolicismo Romano e a Forma Política pressupõem a interpretação seminal de Schmitt sobre a era moderna e proveem meios para confrontar a sua culminância. Nesta visão, o Estado soberano europeu que se originou nos séculos dezesseis e dezessete e constituiu o centro do* ius publicum Europaeum *e da formação jurídica internacional da Europa começa a declinar ao final do século dezenove"* (ULMEN, G. L. *In*: Introduction to SCHMITT, Carl. Roman catholicism and political form. 1. ed. London: Greenwood Press, 1996. p. X).

entre classe trabalhadora e classe dirigente. Esse movimento emancipador do trabalhador e a aceitação de melhores condições de trabalho para os incontáveis novos trabalhadores das indústrias europeias atraem a atenção de socialistas moderados e conservadores liberais. Desses grupos surgirão homens de origem humilde que foram cooptados pela intrínseca força da economia de mercado que era constituidora de uma nova realidade.

O *fascio*, feixe de varas, não a força em si, pela união das varas, mas o poder da união, a união de todos em uma homogeneidade. O *fascio* vai representar essa tendência. Um homem, Benito Mussolini, vai concretizar a harmonização entre capital e trabalho. A marcha triunfante sobre Roma, em 1922, pelos fascistas vai atrair as simpatias de Schmitt. Era a suprema valorização de uma homogeneidade que o povo alemão não alcançara e a relativização dos poderes parlamentares no Reino da Itália.

O *fascio* também representava um passo adiante ao pensamento técnico-econômico que derrotara o ideário da política e da autoridade eclesiástica. Sorel e Donoso Cortès eram os sindicalistas revolucionários e filósofos católicos da contrarrevolução. Carl Schmitt se apresentava como juspublicista católico conservador. Todos contrários ao Estado neutro e agnóstico.[31]

Schmitt, numa Alemanha protestante, fará claros elogios à força inquebrantável da Igreja Romana. Suas teorias do direito constituir-se-iam em teorias da política. Direito é política. Direito é decisão política. Suas análises aproximam todas as categorias laicas de poder da inspiração teológica. Toda a ossatura ocidental do poder advinha da composição e da história da Igreja Romana, a única e verdadeira herdeira do Império Romano que sucumbira com Odoacro.

O poder do Criador se manifestava nas instituições secularizadas. Contudo, os ritos da Santa Igreja não podiam ser repetidos em órgãos e instituições que haviam negado a herança cristológica. Podiam ter a inspiração, no entanto não podiam representá-la no porvir.

O intuito desses católicos históricos era o reavivamento da Santa Igreja de Cristo, entretanto tinham plena consciência da secularização galopante da Europa e do caminho para a cientificidade pura. Como combater esse caminho inexpugnável da técnica?

Era por meio de um encontro da política como manifestação da vontade democrática (inspirada nas tradições divinas) com as instituições secularizadas. A democracia popular, representada por eleitores restritos, poderia controlar o avanço da tecnicidade e reverter o caminho em direção ao respeito do poder constituído.

---

[31] CUMIN, David. Op. cit. p. 45.

1 Carl Schmitt e a Agonia da República de Weimar

Seu pensamento jurídico-político clama por uma ordem concreta, a necessidade de estabilização das relações, com fortes inspirações hobbesianas. O socialismo, o parlamentarismo e a crise do sistema capitalista haviam legado ao mundo europeu uma desordem dificilmente controlada. Era necessário criar uma teorização do poder que contivesse os ímpetos libertários. Sua filosofia do direito clamava por uma inspiração aristotélica-tomista. Era necessária a aproximação entre a razão teórica (de inspiração eclesial) e a razão prática (política). A razão teórica, ainda que num mundo desencantado (Weber), ao alargar-se se faz razão prática. Espargindo o conhecer ao querer e ao agir, a razão teórica se torna prática, a inspiração divina se concretiza na ação política (sindérese política).

Algumas vezes contraditórias, as teorias de Schmitt não indicavam uma inspiração metafísica na fé católica. Ele enxergava a Santa Igreja como inspiração histórico-política da formação ocidental. Admirava sua história e não podia ignorar a herança que Ela deixara para a construção da secularização europeia.

Comparando a situação vivida nos tensos anos europeus, o milagre católico equivalia a uma ruptura da normalidade, uma descontinuidade do ritmo regrado e ordinário da própria natureza. Era apenas o Criador ou o soberano o único capaz de construir uma teorização do "milagre", da "excepcionalidade". Criador, em um mundo secularizado, distante de uma metafísica da fé, Schmitt se empenhava em legitimar o decisionismo do poder soberano. Era o único que podia decidir em casos excepcionais.

Para esse pensamento, o fascismo como regime de sufocamento do Parlamento e regramento das situações sociais extremas era o encaixe perfeito para a justificação de suas teorias políticas.

Se no mundo pagão da Antiguidade o cristianismo se apresentara como a novidade homogênea, no mundo da técnica, da prevalência do conflito e do ateísmo o cristianismo significava a ordem antiga, a tentativa de uma restauração que poucos europeus queriam efetivamente permitir.[32] Mas,

---

[32] "[...] o cristianismo foi, em relação ao politeísmo pagão, a novidade revolucionária da época; o monoteísmo cristão fora um progresso em relação ao politeísmo e ao pluralismo pagãos. Julião, o Apóstata, era tido como um romântico e um reacionário, enquanto Santo Atanásio fora transformado em revolucionário. Atualmente é o inverso. Atualmente, o cristianismo eclesiástico da tradição representa o velho e o reacionário, enquanto o progresso é a novidade. D. F. Strauss constitui o caso clássico de um tipo de ideologia da novidade e dos tempos modernos e também, se quisermos, de uma 'teologia política do novo', que é necessário, com certeza, qualificá-lo de 'não crítico', à diferença da teoria política de Bruno Bauer" (SCHMITT, Carl. **Théologie politique**. 1. éd. Paris: Éditions Gallimard, 1988. p. 103-104).

Carl Schmitt - Valores, Técnica, Economicidade e Guardião da Constituição

no campo político apresentava-se a hipótese da renovação. O regime da homogeneidade propunha a união de todos, a união dos desiguais para o esforço comum. Essa inovação para muitos era para os filósofos conservadores a restauração de um tempo perdido, de uma unidade perdida. Schmitt, apesar de sua fé católica, faria tudo para que se mantivesse a união imperial alemã consagrada em 1871, com uma maioria de Estados luteranos.[33]

Aos conservadores católicos não lhes importava que a laicidade impregnasse as ações dos políticos fascistas, interessava-lhes que a restauração da homogeneidade de pensamento e ação, teoria e prática, era para eles a redenção procurada pela necessidade da unidade do povo europeu (ocidental).

4 A agonia do regime e o ideário do *Kronjurist*

A crise de 1929 alcançara a Europa. O governo de Herman Müller, de maioria socialista não revolucionária, caíra em março de 1930.[34] O presidente Hindenburg chamara para formar um novo gabinete Heinrich Brüning, um componente do partido conservador católico *Zentrum*.

Brüning assumira o governo prometendo conter o avanço da crise econômica e suspender os pagamentos de reparação de guerra pela Alemanha.[35] Com várias medidas econômicas e financeiras a serem tomadas o governo Brüning vê rejeitadas suas pretensões já nos primeiros meses de funcionamento.

---

[33] Na Alemanha republicana "[…] *dos treze chefes Chanceleres, sete eram católicos. O catolicismo político alemão não se tornou democrata cristão. D'outra parte, Schmitt não cessará o combate ao separatismo bávaro, mesmo com o esforço de alguns dirigentes católicos visando à separação da Renânia e da Wesfália da Prússia, para constituí-los em Estados autônomos no seio do Reich. A partir de 1930, ele não verá mais o partido* Zentrum *como um componente da 'coalisão de Weimar' e um elemento do 'sistema pluralista de partidos'*" (CUMIN, David. **Carl Schmitt** – Biographie politique et intellectuelle, p. 46).

[34] Müller era membro e apoiado pelo maior partido da Alemanha na época, o SPD (*Sozialdemokratische Partei Deutschlands*). Fora Ministro do Exterior quando da assinatura do Tratado de Versalhes, em 1919, e duas vezes Chanceler (1920 e de 1928 a 1930).

[35] Ironicamente, os pagamentos das indenizações de guerra (Primeira Grande Guerra) pela Alemanha foram suspensos por Adolf Hitler. Após a Segunda Guerra Mundial, os alemães retomaram os pagamentos e fizeram um acordo com os aliados em Londres, em 1953. Por esse acordo os alemães pagariam o principal e os juros ficariam suspensos até a reunificação alemã, que era pouco provável na época. Com a reunificação, em 1989, os pagamentos foram retomados em 1990 e finalizados em outubro de 2010. Em números atuais, os alemães pagaram cerca de 337 bilhões de euros aos aliados (*In*: **CLIO Revista de Historia**, ano 10, número 109, p. 11, noviembre 2010).

1 Carl Schmitt e a Agonia da República de Weimar

A pedido do Chanceler, o presidente da República dissolve o Parlamento em julho de 1930. Brüning era um conservador assumido, ligado aos militares. Estava disposto a seguir as ordens do presidente Hindenburg em detrimento do poder parlamentar.

A dissolução faz com que nas eleições realizadas em setembro de 1930 o partido nacional-socialista obtenha 18 % dos votos. Tanto o partido socialista quanto o *Zentrum* perdem cadeiras, o partido majoritário passa a ser o DNVP (*Deutschnationale Volkspartei*), composto de conservadores, monarquistas, nacionalistas e antissemitas.

O DNVP vota frequentemente contra o gabinete de Brüning. Este contara, sempre, com maiorias transitórias apoiadas especialmente no partido social-democrata (SPD). Mas inicia um período de governo por meio de decretos-leis. Os partidos extremistas (nacional-socialista e comunista) clamam aos demais partidos a revogação dos éditos de força. O partido social-democrata entra em um dilema: apoiar os partidos extremistas e destruir a República ou apoiar Brüning, optando pela transição de uma república parlamentar para uma república presidencialista.

O SPD opta pelo apoio a Brüning. Inaugura-se em Weimar o que os estudiosos chamariam de *Präsidialkabinett*.[36] Brüning abusa de seus poderes formando um círculo de políticos que estava em frequente conversação com o presidente da República, e não com o Parlamento.

Com 84 anos, em 1932, Hindenburg estava cansado de exercer o poder. Seus partidários imploram-lhe a permanência no cargo, pois os nacional-socialistas lançariam Adolf Hitler como candidato, líder do segundo partido dentro do Reichstag. Hindenburg solicita a Brüning uma alternativa para ajudar a Alemanha e descansar. À primeira vista não havia uma saída honrosa. Os partidários de Hindenburg pedem a Brüning que sonde o Parlamento acerca da extensão do mandato presidencial, tendo em vista a radicalização dos partidos na Alemanha.

Em segredo Brüning confabula com Adolf Hitler sobre a extensão do mandato do presidente Hindenburg. O nacional-socialista o surpreende ao aceitar a proposta, no entanto em retribuição pede a dissolução do Reichstag. Adolf Hitler tinha plena convicção de que seu partido passaria a ser majoritário na eleição seguinte.

Brüning, entorpecido por seus atos de comando, considera um ultraje a proposição dos nacional-socialistas. A eleição presidencial ocorre em relativa normalidade. Hindenburg não tem mais forças para correr o

---

[36] BEAUD, Olivier. Les Derniers Jours de Weimar. Carl Schmitt face à l'avènement du nazisme. 1. éd. Paris: Descartes & Cie., 1997. p. 32.

território alemão. Seus partidários o fazem, especialmente Brüning. No primeiro turno da eleição Hindenburg sai na frente, mas não obtém os votos necessários. No segundo turno Hitler é derrotado.

Nas eleições de 10 de abril de 1932, Hindenburg sai eleito, porém o maior partido da Alemanha passa a ser o Partido Nacional Socialista dos Trabalhadores alemães (NSDAP). Apesar do esforço de Brüning para a eleição do Marechal, o general Kurt von Schleicher confabulava com Adolf Hitler para consagrar, em definitivo, a república presidencialista apoiada por Hindenburg.

Dois episódios indispõem Hidenburg com Brüning. O primeiro foi a tentativa de aprovação de uma lei agrária que prejudicaria os grandes proprietários, sobretudo prussianos, que eram aliados de Hindenburg. O segundo foi a demissão do General Groener, Chefe das Forças Armadas alemãs, que fora o mais corajoso dos generais ao se defrontar com a realidade da abdicação do imperador Guilherme II e não pestanejara em lhe dizer o que era necessário ser feito. Groener era extremamente ligado ao Chanceler e o apoiava com sua influência entre os militares.

A demissão de Groener precipita a queda de Brüning. Aconselhado por Schleicher, Hindenburg nomeia von Papen. Representante do *Zentrum*, von Papen dirige seu governo no sentido de concentrar os poderes em mãos do presidente da República. Franz von Papen propõe uma reforma constitucional visando à transformação da Alemanha em um "Estado Autoritário".[37] Um de seus discursos mais importantes é feito pelo rádio, em cadeia nacional, e não dentro do Parlamento. Um menoscabo à democracia parlamentar.

Franz von Papen agoniza contra o Parlamento com mais decretos-leis, e o Parlamento ameaça recusá-los e colocar seu governo sob voto de desconfiança. Seu suporte parlamentar é pequeno. Tem apenas 70 deputados.

Em junho de 1932, Franz von Papen dissolve o Parlamento. Em julho de 1932, o Partido Nacional Socialista obtém quase 14 milhões de votos e se torna o partido majoritário no Reichstag. Os comunistas também adquirem forças. Formam-se blocos "negativos" dentro do Parlamento. O governo de Franz von Papen se torna insustentável.

Adolf Hitler, pela primeira vez, reivindica a Chancelaria do Reich. Novamente von Papen dissolve o Parlamento e convoca novas eleições para novembro de 1932. Desta feita, os nacional-socialistas colhem menos votos; o partido que mais cresce, embora ainda minoritário, é o partido comunista. Franz von Papen perde o apoio do presidente e das elites alemãs.

---

[37] BEAUD, Olivier. **Carl Schmitt face à l'avènement du nazisme**, p. 34.

Ele planeja a decretação do Estado de Sítio, em 1º de dezembro de 1932, para elaborar uma nova Constituição. O presidente lhe nega esse poder. O gabinete Papen cai em 2 de dezembro, e o General Kurt von Schleicher assume no dia seguinte como novo Chanceler do Reich.

O governo de Schleicher, sem o apoio de nacional-socialistas e comunistas, não tardará. Em 28 de janeiro de 1933, Hindenburg o demite.

Todos esses conflitos na república weimariana demonstram que a vontade de destruí-la não partiu exclusivamente dos nacional-socialistas. A partir do Gabinete de Brüning nota-se uma clara demonstração de que os conservadores estavam cansados do governo parlamentar e gostariam de rever a Alemanha como um Estado Forte. Quando da assunção ao poder dos nacional-socialistas o parlamentarismo na Alemanha era praticamente inexistente.

Carl Schmitt torna-se conselheiro de Brüning e é visto claramente como um jurista engajado em uma revolução conservadora. Olivier Beaud nega essa ligação extrema com Brüning e alega que sua proximidade era efetiva com o General Kurt von Schleicher.[38]

A atuação de Carl Schmitt é notada, sobretudo quando há um crescente afastamento do presidente Hindenburg em relação a Brüning e a aproximação daquele com von Schleicher. As teses conservadoras de Schmitt estão muito presentes nos planos do general para a criação de um Estado forte. Um dos assistentes dos Gabinetes de von Papen e von Schleicher, o General Erich Marcks, ao receber a obra de Schmitt, *Legalidade e Legitimidade*, escreve-lhe:

> O caráter fortemente científico de sua construção e a riqueza de seu conteúdo são, para nós, um arsenal de escolhas para a futura luta. Eu sei que não estamos fazendo justiça às suas ideias ao vulgarizá-las para fins políticos, mas espero que esta utilização política não lhe seja antipática.[39]

Como texto doutrinário científico suas teses poderiam ser levadas para qualquer seara que melhor interessasse ao intérprete. Carl Schmitt demonstrava claramente seu desprezo pelo regime parlamentar de Weimar ao apontar várias incongruências no texto constitucional que permitiriam uma modificação visceral do regime com a mera constituição parlamentar de maioria simples ou maioria qualificada, ou ainda uma decisão popular em que a maioria simples dos votantes decidisse a favor.

---

[38] BEAUD, Olivier. **Carl Schmitt face à l'avènement du nazisme**, p. 36.
[39] *Apud* BEAUD, Olivier. **Carl Schmitt face à l'avènement du nazisme**, p. 37.

Para Schmitt, há valores que não podem sucumbir sob as ondas de maioria e minoria. Há valores neutros, que estão no íntimo das sociedades e não podem ser violados ao sabor das maiorias parlamentares ou das decisões populares casuísticas:

> Esse novo tipo parte do pressuposto de que existem certos conteúdos valorativos realçados na própria Constituição e, por que não dizer, existem até instituições e institutos sagrados, tais como o casamento (artigo 119) e a prática religiosa (artigo 135), que devem ficar mesmo sob a 'proteção da Constituição', enquanto a receptividade funcionalista do Estado legiferante parlamentar, em sua incondicional neutralidade valorativa, deseja colocar-se à disposição para também ajudar, justamente, a eliminar tais relíquias. Ao que parece, existem dois opostos inconciliáveis, por um lado aquele 'realce valorativo', aquele 'sistema de sentidos' materiais (R. Smend) ou, como se queiram chamar as disposições não funcionalistas, mas pensadas substancial e materialmente da segunda parte da Constituição de Weimar e, por outro, esse funcionalismo incondicional da primeira parte organizadora da Constituição de Weimar, o qual, conforme a interpretação vigente do art. 76, é indiferente e neutro até contra si mesmo e contra seu próprio sistema de legalidade. Não é possível colocar o casamento, a religião, a propriedade privada solenemente sob a proteção da Constituição, para se oferecer, nessa mesma Constituição, a metodologia legal de como os abolir. [...]

> Entre a essencial neutralidade valorativa do sistema de legalidade funcionalista e o essencial realce valorativo de garantias constitucionais materiais não existe nenhuma linha intermediária. [...]

> [...] Tentando desqualificar a interpretação do artigo 76 defendida por Carl Bilfinger e por mim (Anschütz and Thoma 1932, 2:154)[40] e alçando-a à categoria de 'direito de opção', o próprio R. Thoma

---

[40] "*Artigo 76: A Constituição pode ser emendada por um ato do Parlamento. A emenda constitucional necessita de dois terços de todos os membros do Parlamento, e esses dois terços devem votar em favor da emenda.*

As decisões da Câmara Federal (Reichsrat) para emendas à Constituição requerem o voto de dois terços de seus membros.

Por iniciativa popular, a emenda constitucional deve ser submetida a referendo e aprovada por maioria simples dos votantes.

Se o Parlamento for contrário a uma emenda constitucional apresentada pela Câmara Federal (Reichsrat), o presidente do Reich não deverá promulgá-la caso a Câmara Federal não convoque um referendo sobre o assunto".

afirma que resoluções que oprimem a liberdade de consciência ou 'espezinham qualquer dos outros princípios de liberdade e de justiça considerados sagrados em todo o mundo cultural hodierno – com exceção do fascismo e do bolchevismo' – podem ser inconstitucionais, no que pese uma maioria responsável por emendas constitucionais. Pelo menos o próprio sistema jurídico-civil, com seu conceito de lei e liberdade, ainda é sagrado, a neutralidade valorativa liberal é considerada um valor, e o inimigo político – fascismo e bolchevismo – é nomeado francamente.[41]

Estava claro para Carl Schmitt que os radicalismos que se defrontavam na Alemanha e a fragilidade do sistema parlamentar para impedir que uma maioria suprimisse direitos neutrais (sagrados) eram o ponto de partida para a tomada do poder por qualquer radicalismo existente.

Os receios do jurista se concretizam após a ascensão de Adolf Hitler como Chanceler do Reich. O líder dos nacional-socialistas, mesmo ainda não tendo maioria no Parlamento, convence o presidente Hindenburg a lhe conceder plenos poderes para conter a desorganização da vida política alemã. A escusa de Adolf Hitler era que ele poderia aumentar a participação de seu partido (NSDAP) e do partido conservador (DNVP) no seio parlamentar. Em 27 de fevereiro de 1933, o Reichstag é incendiado, aparentemente por ações de ativistas comunistas.

Paul von Hindenburg aprova, em 23 de março de 1933, a emenda constitucional para remediar a agonia popular e a segurança do Reich.[42]

Os receios sobre as maiorias qualificadas e as casuísticas populares se concretizavam. Não se pode concluir dos escritos de Schmitt dessa época qualquer defesa das teorias do nacional-socialismo.

Schmitt jamais concordaria que o partido conservador e o partido católico fossem suprimidos da vida alemã. Sobretudo, o segundo carregava boa dose da experiência de vida de Carl Schmitt como católico praticante. Ele podia não acreditar em Weimar, mas acreditava nas conquistas democráticas.

Não se pode negar que seus escritos variem, pois foi uma fase de vida atuante como filósofo político e jurista constitucional.

---

[41] SCHMITT, Carl. **Legalidade e legitimidade**. 1. ed. Belo Horizonte: Del Rey Editora, 2007. p. 47-50.

[42] Passou a ser conhecida como *Enabling Act*, ou Lei de Permissão. No original em alemão: *Gesetz zur Behebung der Not von Volk und Reich*.

Entretanto, à diferença da estabilidade de seus pensamentos políticos, seu pensamento constitucional se revela mais dependente das circunstâncias políticas como indica uma certa variação de suas ideias constitucionais no período de 1919 a 1933. Elas variam porque seu autor as adapta em função da situação política e constitucional do país. Mas Schmitt não muda de ideias político-constitucionais, não faz mais do que adaptá-las aos novos problemas. [...]

A periodização da obra constitucional schmittiana segue certa cronologia político-constitucional. De um lado, nós podemos notar uma ruptura se produzindo a partir do ano de 1924, enquanto o jurista leva em conta a institucionalização da democracia e a estabilização do regime; ele abandona ou, pelo menos, hiberna suas teses sobre a soberania e o estado de exceção desenvolvidas entre 1919 e 1924. A segunda fase culmina com seu tratado de direito constitucional de 1928, a Teoria da Constituição. A última fase, iniciada em 1929, que se situa no período de crise econômica e política, é marcada pelas formas de urgência e violência política. Nos anos 1930-1933, o jurista de direito constitucional, que é Schmitt, deve revelar os desafios que resultam da conjunção de uma nova era política (o fim de governos de coalizão e o crescimento do partido nacional socialista) e novos problemas jurídicos advindos da prática constitucional.[43]

Um jurista do jaez de Schmitt não pode conviver com a supressão das liberdades e a perseguição política. Na miríade teórica de Schmitt encontra-se uma posição favorável à democracia.

O ideal de um estado racional, todo-poderoso, pairando sobre o social e ao abrigo de interesses sociais sectários constituiu, após a guerra, para vários conservadores e mesmo liberais, uma meta a ser buscada. Após as teorizações hegelianas a distinção entre Estado e sociedade tornou-se o eixo discursivo de grande parte da intelectualidade alemã. Como Carl Schmitt, muitos pensadores tinham o Estado como a concretização de uma força metafísica de forte robustez.[44] Suas instituições eram a secularização dos poderes que outrora pertenceram ao sagrado. O Estado, como ente real, não podia ser reduzido a um mero agente social. O Estado era o transformador da sociedade.

---

[43] BEAUD, Olivier. **Carl Schmitt face à l'avènement du nazisme**, p. 41-42.

[44] MÜLLER, Jan-Werner. **Carl Schmitt, un esprit dangereux**. 1. éd. Paris: Armand Colin, 2007. p. 18-19.

1 Carl Schmitt e a Agonia da República de Weimar

Para muitos governantes alemães, essa visão metafísica do Estado era presente. Muitos acreditavam na salvação alemã por intermédio do exercício de uma autoridade incontestável. Assim se passara na formação da Grande Alemanha, com Guilherme I e Bismarck. Mesmo após a Segunda Grande Guerra muitos doutrinadores alemães, no campo jusfilosófico e político, sentiram-se atraídos pelas teorias schmittianas:

> As teorias de Schmitt refletiam essa visão de Estado, pelo menos em sua tentativa inicial de adaptar o Estado à era da política de massas e na busca posterior de formas substanciais e legítimas de uma nova comunidade política, após o Estado. Consequentemente, aqueles que buscaram salvar, modernizar ou liberalizar a visão alemã do Estado nas condições da democracia de massa e da sociedade industrial sentiram-se inevitavelmente obrigados a se comprometer com as teses do antigo jurista do III Reich (Kronjurist).[45]

Como todo teórico conservador podemos encontrar uma alternância entre a fundamentação de dois valores preponderantes, independente das épocas vividas pelo escritor: ordem e liberdade. Um organismo democrático, por excelência, pode coexistir com ambos. É da própria essência democrática a indispensabilidade da ordem, da segurança para a garantia da própria liberdade.

Embora admitisse a separação entre Estado e indivíduo, pois também era um cidadão da era democrática, Carl Schmitt atrelara-se a uma visão de inseparabilidade entre Estado e indivíduo, tão caracterizadora da democracia antiga. Na esfera privada não havia espaço para uma autonomia sem limites. Era o Estado, como fora a religião, o grande guia da conformação da autonomia individual. As normas estatais, como as fontes patrísticas emanadas do Santo Padre, deveriam ser acolhidas por todos os cidadãos alemães, sem maiores questionamentos.

Essa necessidade da composição virtuosa na dosagem entre liberdade (indivíduo) e ordem (Estado) nos faz lembrar as sábias palavras do médico escocês John Brown (1735-1788), citado por Georges Canguilhem, ao tratar do organismo são e do organismo doente:

> Fiz ver que a saúde e a doença não passam de um mesmo estado e dependem da mesma causa, isto é, da incitação que varia, nos diferentes casos, apenas por graus. Demonstrei que as

---

[45] MÜLLER, Jan-Werner. **Carl Schmitt, un esprit dangereux**. 1. éd. Paris: Armand Colin, 2007. p. 19.

forças que causam a saúde e a doença são também as mesmas, agindo, às vezes, com força excessiva ou insuficiente. O médico só deve levar em consideração a aberração que a incitação sofreu ao trazê-la de volta, por meios adequados, ao ponto onde se situa a saúde.[46]

Na teorização de Schmitt faltou ao liberalismo weimariano a boa dosagem para manter a ordem e não tolher a liberdade. São partes de um mesmo organismo que precisava sobreviver com os devidos sopesamentos. Era preciso impedir que cada um desses princípios se sobrelevasse ao outro.

---

[46] *Apud* CANGUILHEM, Georges. **O normal e o patológico**. 1. ed. Rio de Janeiro: Forense Universitária, 2011. p. 26.

2 Carl Schmitt, Valores, Política e Técnica

1. A tirania dos valores: Donoso Cortés, Ortega y Gasset e Max Scheler. 2. Valores constitucionalizados, valores banalizados, valores tiranizados. 3. Tecnologia como política. 4. Inspiração weberiana para a significação da técnica como irracionalidade. 5. A desteologização da vida, sua mecanização e o triunfo da técnica. *Quis custodiet ipsos custodes?*

1 A tirania dos valores: Donoso Cortés, Ortega y Gasset e Max Scheler

Antes de adentrarmos as conceituações políticas de Carl Schmitt, pelas quais nosso biografado é mais conhecido, faremos pequenas incursões em suas reflexões sobre temas filosóficos que estão claramente entranhados em seus escritos e comprovam a leitura de autores europeus de sua época e a assimilação de vários de seus conceitos, ainda que seja para afastá-los e apresentar novas teorizações para justificar seus pensamentos acerca da Política, da Técnica e dos Valores.

Uma primeira inspiração veio de Donoso Cortés,[47] espanhol e político da restauração monárquica que adveio das várias conflagrações espanholas sobre o melhor regime a ser adotado após a saída das tropas de Napoleão e a restauração monárquica.[48]

---

[47] Juan Francisco María de la Salud Donoso Cortés y Fernández Canedo.

[48] A decisão do Rei Fernando VII em revogar em território espanhol a lei sálica, que vigia desde a época da formação nacional espanhola, para que sua filha pudesse assumir o trono com sua morte. Com a revogação, Don Carlos, seu irmão, reivindica o trono. Os adeptos

Donoso Cortés era um liberal conservador, partidário moderado da restauração monárquica constitucional, mas influenciado pela confusão com que se deparara a Espanha de sua época, e mesmo sustentando o governo constitucional não deixou de escrever um opúsculo, **Discurso sobre a Ditadura**, onde preconizava a necessidade da instauração de uma ditadura temporária, se fosse necessária para uma restauração da ordem.

Muitas ideias de Donoso Cortés influenciariam Schmitt em três magistrais obras: seu livro sobre a **Ditadura** (1921), sua obra sobre **Teologia Política** (1922), como também suas reflexões sobre o **Romantismo Político** (1925).

Numa época de conturbação, o Catolicismo de Donoso Cortés não lhe deixava outra escolha: o bem ou o mal; a revolução ou a restauração; o Catolicismo ou o ateísmo. Este ideário radical marca também outros pensadores que Schmitt analisa em sua obra **Teologia Política**, tais como Joseph de Maistre e Louis de Bonald. Estas antíteses binárias marcarão toda a obra de Schmitt.[49]

São pensadores que trazem consigo uma alta dose do sentimento de decepção e represália com as possíveis conquistas da Grande Revolução e preconizam o resgate de valores tradicionais, alguns do próprio Antigo Regime francês, no entanto se deparavam com um mundo que não retroagia às suas concepções. Um mundo que já estava tomado pela noção democrática, não apenas como sistema representativo, mas também como sistema social.

Com as noções de tradição e os costumes e a convicção lenta da evolução histórica, esses conservadores combatiam boa parte das ideias revolucionárias de 1789. E se nesses ideais estava incutido um valor absoluto de racionalismo, esse racionalismo precisaria ser negado em nome de alguma forma de escape às explicações puramente científicas. Qual o caminho a ser trilhado: a negação completa da razão natural e uma passividade absoluta que considera mal o simples fato de se tornar ativo.[50]

Esse berço revolucionário vivido por Cortés, com a especial situação espanhola que enfrentou três guerras civis pela disputa do trono, aliado às revoluções europeias que eclodiram em 1848, e os valores cultuados pela democracia, como a própria representatividade, serão relativizados. Era necessário o restabelecimento de valores tradicionais que dessem ao

---

de Fernando VII e de sua filha Isabel II (Rainha após a morte do pai, 1833) primavam pelo retorno ao constitucionalismo monárquico, e os carlistas, bastante mais radicais, pelo retorno a uma monarquia absolutista idealizada na figura de seu inspirador, Don Carlos Maria Isidro de Bourbon, irmão do Rei Fernando VII.

[49] O termo "antítese binária" é cunhado pelo próprio Schmitt em sua obra **O Conceito do Político**.

[50] SCHMITT, Carl. **Théologie politique**. 1er éd. Paris: Éditions Gallimard, 1988. p. 62.

mundo uma noção de ordem. A ditadura, sábia criação romana, sempre seria bem-vinda em casos específicos.

Afinal, como os tradicionalistas cristãos preconizavam que o homem nascia com o pecado original e permanecia nele, tendo sua redenção por meio de boas ações durante a vida, o valor máximo é sempre a submissão à ordem sagrada para que, por meio dela, o homem possa sair desse estado pecador e entrar em estado de graça. Mas quando não mais se crê no divino, no absoluto?

O Iluminismo rousseauniano afirmava o contrário, que o homem nascia bom e era a sociedade que o corrompia. Afora essa ingenuidade declarada, o Iluminismo acreditava em um homem inculto que precisava ser educado. Essa educação viria por meio da ação transformadora da representação democrática. Era indispensável às novas sociedades a aceitação de um legislador atuante, não só como limitador do poder real, mas também como protetor do povo mais sofrido. A burocracia representativa tomava sua legitimidade com o discurso de frear os ímpetos reais.

Donoso Cortés não acreditava em uma palavra, em um gesto que fosse proclamado pelo homem revolucionário, pois o homem revolucionário não era o indivíduo isolado, e sim a massa inculta. Essa massa inculta precisava ser combatida, ainda que fosse pela ira divina. Para Cortés não havia saída para o homem revolucionário, seu embarque na história era a negação dos valores mais importantes para aqueles que ainda pensavam a política e a vida social europeia. Se surgia a representação burguesa, essa representação era "vazia de valores", era apenas *"una clase discutidora"*.[51] Jamais nobre, jamais digna de entrar e bradar a clemência divina. Divino era quem Deus disse que era divino, e não o que o povo desejava.

Em uma de suas obras mais tardias, **A Tirania dos Valores** (1979), Schmitt vai demonstrar a agressividade encoberta do discurso da modernidade lastreada, desde seus primórdios, em um forte potencial niilista.[52] Como veremos, não podemos deixar de apontar as leituras de Schmitt sobre as obras de Husserl, Max Scheler e Nicolai Hartmann, contudo, nesse opúsculo da maturidade, Schmitt já passara por duas grandes guerras mundiais, pelo cativeiro, pelo esquecimento dos amigos e admiradores e, finalmente, por uma retomada errônea pelas mãos dos marxistas que enxergaram em suas teses antiliberais o apoio às ideologias do puro materialismo.

Esse Schmitt da **Tirania dos Valores** é o Schmitt maduro que enxerga em tudo aquilo que escreveu sobre o caminhar da racionalidade ateia, em

---

[51] SCHMITT, Carl. **Théologie politique**, p. 67.
[52] HERRERO, Montserrat. Nota Editorial. *In*: SCHMITT, Carl. **La tiranía de los valores**. 1. ed. Granada: Editorial Comares, 2010. p. 2, 3.

busca do puro racionalismo, o movimento que poderia levar o homem à autodestruição. Não apenas à autodestruição física, mas à decadência de uma ética que fora esquecida com o colapso do Antigo Regime e um apelo romântico às restaurações que advieram no século XIX, que acabaram por alienar os agentes políticos para a verdadeira busca da realidade que se apresentava. O Romantismo preferiu ocultar seus verdadeiros desígnios de controlar e manter o poder, ao tentar restaurar antigos valores que as sociedades democráticas não mais aceitavam.

Era necessário repor os valores perdidos por novos valores, não apenas em termos semânticos, mas em termos reais, que trouxessem os homens à realidade de um novo tempo. Era necessária a criação de um novo homem, com resgate (criação) de novos valores.

Perdida a sociedade estamental, surge a sociedade do homem livre. Mas poderá esse homem livre atingir um novo mundo circundante que possa lhe explicar sua existência social e política a partir, puramente, da razão livre? Husserl explica que há a necessidade do surgimento de uma filosofia teórica que não pode ser concebida a partir do entendimento do modelo substituído. O novo homem do Renascimento necessita de uma investigação e de uma crítica próprias.

Segundo Husserl, a alteração essencial era a restrição positivista da ideia de ciência. O homem livre surgido do Renascimento vai se basear essencialmente em uma ideia das ciências do *"positum"*, uma racionalidade desenvolvida a partir da negação do que seja sagrado ou do que seja o pensamento metafísico. Só há saída pelo conhecimento, pelo aprofundamento da razão. Este extremo apego na redenção da gnose pode "amarrar" o homem a uma interpretação filosófica estritamente positivista.[53]

---

[53] "O positivismo, por assim dizer, decapita a filosofia. [...] Ora, se a nova humanidade, animada e agraciada por esse alto espírito não resistiu, isso só pôde ter acontecido por ela ter perdido aquela crença entusiasmante no seu ideal de uma filosofia universal e no alcance do novo método. [...] Mesmo que ainda no século XVIII se pudesse estar convencido da possibilidade de chegar a uma unificação, a uma construção que se ampliasse teoreticamente de geração em geração e, com a admiração geral, permanecesse inabalável perante qualquer crítica tal como foi incontestavelmente o caso das ciências positivas – esta convicção era insustentável por muito tempo. A crença no ideal da filosofia e do método, que guiava os movimentos desde o início da Modernidade, começa a oscilar; e isso não, por exemplo, pela simples razão de que cresceu enormemente o contraste entre os constantes insucessos da metafísica e o ininterrupto e cada vez mais impressionante avolumar dos resultados teóricos e práticos das ciências positivas. Tal contraste atuou tanto sobre os que estavam de fora do movimento como sobre aqueles cientistas que no empreendimento especializado das ciências positivas se tornaram cada vez mais especialistas não filosóficos" (HUSSERL, Edmund. **A crise das ciências europeias e a fenomenologia transcendental** – Uma Introdução à Filosofia Fenomenológica. 1. ed. Rio de Janeiro: Forense Universitária, 2012. p. 6-7).

2 Carl Schmitt, Valores, Política e Técnica

Dessa forma, o niilismo detectado por Schmitt está também atrelado a essa crença insubstituível das ciências "colocadas" nas ciências do mundo moderno que tanto o incomodam. Este sumo apego ao positivismo científico é niilista, não advém necessariamente da destruição de valores (antigos), senão do reposicionamento desses mesmos valores pela modernidade. O conceito de valor nasce da lógica dialética: todo valor supremo contrasta com um "sem valor" absoluto.

As antíteses binárias valor-sem valor, político-apolítico, amigo-inimigo são formas coloquiais nos discursos de Schmitt, mas na afirmação da negação exsurge sua natural convicção da historicidade de alguns comportamentos político-filosóficos como inerentes à vida humana. O que lhe insatisfaz é a indispensável justificação valorativa (ou sua substituição) por conceituações que variam de acordo com a historiografia filosófica humanista, a concretização de um relativismo que tanto o incomoda. Scheler e Schmitt estão em busca de uma ética objetiva, mas não deixam de admitir as interferências históricas nas definições do bem e do mal.[54] E não seria o bem estritamente a ciência positiva e o mal qualquer arremedo de invocação filosófica do novo homem?[55]

Em um mundo que esgotara todos os recursos de sua tradicional formação católica, que acabara com sua admiração pela grandeza prussiana, que repudiara sua adesão, ainda que temporária, ao nacional-socialismo, que lhe impusera a ociosidade pelo simples fato de ter aderido ao nacional-socialismo tardiamente,[56] entender que o seu aprisionamento pelos

---

[54] *"Así, pues, toda modificación en ese mundo de bienes modificaría también el sentido y la importancia de 'bueno' y 'malo'. Y como ese mundo de bienes se halla complicado en la constante modificación y en el movimiento de la historia, resulta que el valor moral de la voluntad y del ser humano tendría que participar también del destino reservado a ese mundo de bienes. La aniquilación de ese mundo de bienes anularía la idea misma del valor moral. Toda Ética quedaría, pues, cimentada sobre la experiencia histórica en la que se nos manifiesta ese cambiante mundo de bienes y, evidentemente, no podría tener más que una validez empírica e inductiva. Con ello estaría dado, sin más, el relativismo en la Ética"* (SCHELER, Max. Ética. 3. ed. Madrid: Caparrós Editores, 2001. p. 53).

[55] "No que respeita às ciências positivas, elas estavam aí desde logo como inatacáveis. Contudo, o problema de uma metafísica possível abrangia *eo ipso* também o da possibilidade das ciências de fatos, as quais tinham na unidade inseparável da filosofia o seu sentido referencial, o seu sentido como verdades para simples domínios do ente. *Se é a razão cognoscente que determina aquilo que é o ente, serão separáveis a razão e o ente?*" (HUSSERL, Edmund. A crise das ciências europeias e a fenomenologia transcendental – Uma introdução à filosofia fenomenológica, p. 8).

[56] Carl Schmitt cultivara excelentes relações com duas proeminentes figuras do nacional-socialismo, Herman Göering, Ministro da Aviação, e Hans Frank, Ministro da Justiça. Mas nem mesmo essas amizades impediram a sua ociosidade imposta pela radicalização do regime a partir de 1936. *"Frank devient ministre de la Justice du Reich en 1936, mais il doit renoncer à nommer Carl Schmitt secrétaire d'État sous la pression d'Himmler. [...] Devenu la*

aliados e a *débâcle* do mundo que ele conhecera se deram única e exclusivamente pelas palavras que escrevia e pela incompreensão dos que o cercavam. Esse conjunto de acontecimentos era para ele pura desinformação das indispensáveis medidas que um novo homem ético precisava para se formar e uma nova forma estatal precisava se apresentar para entender o que se passava.

A cambiante ética valorativa o amedrontava mais, pois o simbolismo do Cristo Salvador (Deus) não era mais a confirmação da perfeição, do infinito, do inatingível. Cristo se tornara, como qualquer um dos demais valores que a sociedade discutia, tão somente um "valor supremo".[57]

Schmitt era ele próprio acusado de niilista, pois buscava uma objetivação nos conceitos que definia. Para Schmitt, era necessário que os conceitos se despregassem das volições pessoais e temporais e se formassem a si próprios, independentemente de quem os taxasse ou os exercesse.

A vontade como vontade, o poder como poder são exercícios autônomos de uma força intrínseca à formação desses próprios conceitos. O *Willen zur Macht* não era o preconizado por Nietzsche, pois neste essa vontade é inerente ao homem. Em Schmitt essa vontade de poder é autônoma, independe de qualquer volição humana. Não há necessidade de um Bismarck ou de um Göering para que o poder seja poder, ou que a vontade seja vontade. Esses conceitos são autônomos e devem ser atemporais. Realizam-se por si próprios.

O poder pelo poder, a vontade como mera vontade, independente do ocupante, nada mais é do que a confirmação que a regra democrática da transição não lhe obstaculiza a definição. A essência democrática é justamente a assepsia do "dono do poder". A essência democrática é o exercício limitado do poder, pelo próprio poder, aliada à vontade dos representados.

Schmitt, sim, efetivamente lutava para que a sociedade em que estava inserido entendesse a necessidade da formação de governos fortes para

---

cible privilégiée des radicaux qui manœuvrent contre lui, durant toute l'année 1936, attaqué par le journal de la SS, le SchwarzeKorps, *ayant perdu de soutien de Frank, Carl Schmitt doit démissionner de l' Académie du droit, de la direction de la Ligue des professeurs de droit et arrêter la publication de la* Deutsche Juristen-Zeitung. *Grâce à Göering, il conserva sa chaire à l'université de Berlin (il n'est pas muté à Leipzig) et son poste de conseiller d' État prussien. La SS a donc brisé une carrière, qui, de 1930 a 1936, était parvenue à son zenith. Neuf ans plus tard le juriste sera chassé de l'Université"* (CUMIN, David. **Carl Schmitt –** Biographie politique et intellectuelle. 1er éd. Paris: Éditions du Cerf, 2008. p. 154).

[57] "A crença estrita no ceticismo ocasionava o desmoronamento da crença numa filosofia universal como condutora do novo homem, significa precisamente o desmoronamento da crença na 'razão', entendida tal como os antigos contrapunham a *doxa* à *episteme*" (HUSSERL, Edmund. A crise das ciências europeias e a fenomenologia transcendental – Uma introdução à filosofia fenomenológica, p. 9).

justamente salvar a democracia. Essa busca fenomenológica do regime que deve servir o momento da exceção nunca foi compreendida por seus contemporâneos.

Apesar de suas intenções, ele tentava transmitir nesse texto, da década de 1970, que o racionalismo já se apropriara de quaisquer definições que ele desejasse que fossem compreendidas. *O próprio motor científico é o motor do processo de secularização, sendo entendido como um movimento contínuo de substituição do absoluto pela posição absoluta do não absoluto.*[58]

Sua admiração pelos autores espanhóis foi declarada desde os primórdios de sua vida intelectual. Ao lado de Donoso Cortés, Schmitt considerava enormemente os escritos de Ortega y Gasset, que faziam grande sucesso por toda a Europa por uma ótica conservadora e a repulsa à tirania das maiorias sociais. Sua maior satisfação estava no fato de que Ortega reconduzira noções primordiais para sua formação: não havia no mundo apenas "coisas", havia também "valores", e o conhecimento desses valores pode ser tomado de uma forma quase absoluta (matemática).[59]

Em uma pequena obra sobre a Teoria dos Valores (**Introducción a una Estimativa.** ¿Qué son los valores?), Ortega y Gasset traz a necessidade de identificação de uma ética objetiva que fugisse à temporalidade e à pessoalidade daqueles que buscavam a definição de valores, embora reconhecesse que aquele que interpreta os valores tem, sim, vontades e prioridades próprias que podem fazer com que essa tão almejada objetividade valorativa possa se tornar, ainda que pontualmente, uma ética subjetiva, que ele próprio combate.[60]

---

[58] HERRERO, Montserrat. Los Valores o la Posición Absoluta de lo no Absoluto. *In*: SCHMITT, Carl. **La tiranía de los valores**. 1. ed. Granada: Editorial Comares, 2010. p. 7.

[59] "*Gracias a la filosofía de los valores, no solamente matemática, física y química, sino también otras disciplinas, como ética, estética y jurisprudencia, podrían conseguir conocimientos de una seguridad absoluta y matemática o, por lo menos, casi-matemática. Tal era la gran novedad, la buena nueva de la filosofía de los valores*" (SCHMITT, Carl, **La tiranía de los valores**. 1. ed. Granada: Editorial Comares, 2010. p. 33).

[60] "*La tesis fundamental de nuestro autor, que sigue la senda trazada por Scheler, resulta clara. Los valores son algo objetivo y no subjetivo. Tienen su validez con independencia de nuestros intereses y sentimientos. No se trata de una cuestión de hecho sino de derecho. Los valores son cualidades irreales residentes en las cosas. [...] La ética de Ortega se fundamenta en la existencia y objetividad de los valores, es una ética de los valores. El perspectivismo de la vida moral no entraña la asunción de ninguna forma de relativismo. La bondad y la maldad se imponen a partir de la vocación y de la circunstancia de la persona. La moral lujosa y deportiva no es arbitraria ni laxa; por el contrario, es la más exigente. Nietzsche dijo que debíamos poner en nuestras vidas la seriedad que pone el niño en sus juegos. Lo que para una persona puede ser un deber inexcusable, para otra puede no serlo, pues difieren sus vocaciones y circunstancias vitales, pero nada eso refuta el carácter inexorable de los*

Na afirmação de Ortega, a segurança incontestável de uma ética objetiva pode ser buscada nas obras de Husserl e Scheler. Além disso, as proposições de Heidegger haviam superado as contradições dos neokantianos (Weber) acerca da existência ou não de uma ética objetiva.

Para Ortega a consciência do valor é tão geral e primitiva como a consciência dos objetos. Com os objetos podemos nos deter na definição de "ser" ou "não ser". Em relação aos valores podemos circundá-los com as definições de um bom valor ou de um mau valor. Essas estimações são tão idênticas que mesmo os objetos, na visão de Ortega, não se circunscrevem ao "ser" e ao "não ser", e sim ao fato de que nós os "valoramos" ou "não os valoramos".

Nesse momento em que Schmitt escreve (1979), os valores já se tornaram um mote de muitos cidadãos que desejam se afastar tanto quanto possível de um positivismo puro. Segundo o próprio Schmitt, a palavra "valor", embora sem a preocupação de uma definição certeira, estava na boca de vários políticos. Jazia no proselitismo da classe culta da segunda metade do século XX.

Mas esse afastamento de um positivismo exagerado joga a definição de valor para uma transcendência que nem sempre é bem-vinda, quando se trata exclusivamente de aferir seus alcances morais no mundo do dever-ser. A indispensabilidade de certa dose de cognoscibilidade positiva é indispensável à vida social. O caminho da definição de uma objetivação dos valores não pode significar o império incontestável da valoração de todos os atos humanos. Afora as deturpações naturais que sobrevêm quando o termo deixa a língua culta e se imiscui no gosto popular.

Exatamente por isso Schmitt chama a atenção para um importante detalhe semântico. O "valor", nas línguas latinas, tem a significação de "força", "virtude". No entanto, na língua alemã a tradução do que seria o significado de "valor" (Wert) tem expressivas conotações econômicas, embora se possa encontrar o significado de valor atrelado à definição econômica em tempos mais remotos nas línguas latinas, como na citada tragicomédia de Calixto e Melibeia, a Celestina, do ano de 1500, onde já se encontrava a expressão "valem quanto custam".[61] Além da própria definição hobbesiana de que "o valor, ou a IMPORTÂNCIA de um homem, tal como de todas as outras coisas, é o seu preço; [...]".[62]

---

derechos o de los ideales. No es la de Ortega sólo una ética de la autenticidad. Ésta es condición necesaria, mas no suficiente de una vida moral" (CÁMARA, Ignacio Sánchez. Introducción. *In*: GASSET, José Ortega y. Opúscula Filosófica. *In*: **Introducción a una estimativa. ¿Qué son los valores?** 1. ed. Madrid: Ediciones Encuentro, 2004. p. 4, 5).

[61] SCHMITT, Carl. **La tiranía de los valores**. 1. ed. Granada: Editorial Comares, 2010. p. 34.

[62] HOBBES, Thomas. **Leviatã**. 2. ed. São Paulo: Martins Fontes, 2008. p. 77.

2 Carl Schmitt, Valores, Política e Técnica

Contudo, a diferenciação entre definições (a latina e a germânica) tem um alto grau de divergência na delimitação do que seja "valor"; a bem da verdade, o proselitismo político dá à palavra sua conotação clássica, de força e/ou virtude, mas identificamos, com facilidade, que entre nós não só o sentido da palavra já pode ser identificado como alguma coisa que tem "valor econômico", como caminhamos, também, nas definições filosóficas, para uma postura utilitarista de que as coisas ou as pessoas valem quanto custam!

O que custa e quanto custa? Podemos nos ater à definição de valores no campo exclusivamente de considerações econômicas? Essas considerações envolvem sempre o bem-estar do homem? Caminhamos para alguma definição kantiana de que a lei objetiva tem como primeira regra passar de um estado de menor prazer para um estado de maior prazer (ou maior desprazer para o menor desprazer)? Esse hedonismo tem um significado puramente econômico no momento filosófico atual?

Como afirma Scheler, citando e criticando Kant, o homem, independentemente da lei moral, formal e racional, é um completo egoísta, hedonista do prazer sensível e sem qualquer distinção em qualquer de seus desejos. Dessa forma, para Kant qualquer tipo de Ética que fundamente suas explicações recorrendo à vivência emocional é para ele simplesmente hedonismo.[63]

Mas Scheler discorda frontalmente desse posicionamento. Para Scheler, essa consideração de que o valor está atrelado à satisfação humana tão somente é a forma mais primitiva da teoria kantiana, pois um objeto, um ato, só tem valor se produz alguma satisfação para o homem. Essa relação seria causal-empírica, não podendo se descrever uma teoria apriorística do valor.

Scheler refuta a teoria hedonista de valor com três argumentos: 1) O valor não é relação, por isso não podemos falar sobre "igual", "parecido", "distinto". Pode constituir o fundamento da relação, nunca ela própria. 2) Para subsumirmos os valores a uma categoria de classificação eles seriam qualidades, e não relações. E a essência dessa qualidade é o "perceber sentimental de algo". 3) O homem não tende, necessária e exclusivamente, ao prazer, e os valores são forças e capacidades das coisas que conduzem à produção de prazer ou desprazer. O homem, fundamentalmente, tende a construir relações com os bens, mas não em relação ao prazer que esses bens produzem.[64]

Ao referir-se ao sentimento valorativo que o homem tem quando busca uma definição de valor, Scheler faz referência a Santo Agostinho e a

---

[63] SCHELER, Max. **Ética**. 3. ed. Madrid: Caparrós Editores, 2001. p. 341.

[64] SCHELER, Max. Ética, p. 342-346.

Pascal. Nesses dois pensadores Scheler encontra as "razões do coração", a "lógica do coração". Essa lógica possui uma legalidade eterna e absoluta do sentir, do amar e do odiar. Essa lógica do "coração" é tão forte quanto a própria lógica pura, mas é irredutível às leis do intelecto.[65]

Segundo Scheler, os intérpretes de Pascal haviam-no entendido mal. Essas razões do coração não são puramente a "razão" em seu rigor científico, como os filósofos atuais a classificariam. São "postulados da razão", um tipo de experiência pelo qual qualquer homem pode passar que foge completamente ao seu intelecto. Essas experiências são postulados, objetos autênticos. E uma organização eterna que os acompanha são valores, e, muitas vezes, estão dispostos de forma hierárquica em nossas valorações dessas experiências.[66]

Essa lógica valorativa dos sentimentos é uma qualidade comum nesses filósofos que se deparam no século XIX e início do século XX com a "economização da vida" com o triunfo irrefreável do sistema capitalista. É preciso encontrar uma escala de valores que não seja unicamente atrelada ao prazer do homem e, por detrás desse prazer, a quantificação das coisas (ou dos homens) sob um ponto de vista estritamente econômico.

Afinal, quantos homens e quantos atos não foram deflagrados por outras razões que não apenas os interesses econômicos. Quantos atos de nossas vidas não estão intimamente atrelados a um sentimento interno que nos impulsiona a realizá-los unicamente por amarmos ou termos piedade? Ou mesmo por odiarmos e não termos clemência?

A busca da definição de valores não pode ser unicamente a busca de "valorações econômicas" ou "valores de prazer". Há mais percepções de sentimentos na objetivação que esses filósofos buscam.

2 Valores constitucionalizados, valores banalizados, valores tiranizados

Esses valores objetivos podem penetrar de modo bastante inclusivo em nossas vidas e em nosso modo de viver, e passam a ser hegemônicos, passam a ser invocados em situações mais peculiares de nossas vidas sem que o intérprete vividamente se interrogue sobre a necessidade de sua

---

[65] SCHELER, Max. Ética, p. 357.

[66] "*El orden y las leyes de esta experiencia hállanse determinado con tanta evidencia y precisión como el de la Lógica y la Matemática; es decir, que hay conexiones y oposiciones evidentes entre los valores, las posturas valorativas y los actos de preferencia estructurados sobre aquellos etc., en virtud de las cuales es posible y necesaria una verdadera fundamentación de las decisiones morales y sus leyes. A esta idea de Pascal no adherimos*" (SCHELER, Max. Ética, p. 358).

plena invocação, tendo em vista a existência de normas jurídicas ou normas comportamentais (costumes) que dão cabo das situações de maneira tão salutar que dispensam a invocação descontrolada de razões valorativas.

É necessário, antes de tudo, como o fez Hartmann, um pequeno esclarecimento. A Justiça é um valor moral especial, diferente dos valores morais básicos: a liberdade, o bem, o nobre, a plenitude, a pureza. A Justiça é a culminação da prática de diversos valores. Ela atua contra o egoísmo humano. Serve para ordenar a vida em comunidade, corrigindo aqueles que fazem um uso desarrazoado de seus valores ou se omitem quando deveriam agir.

Para o homem antigo Justiça era levar igualdade aos iguais e desigualdade aos desiguais. Essa conformação foi transformada com o advento do Cristianismo. A igualdade deveria ser plena para todos os homens, ainda que no campo essencialmente ideal.

Desde a Antiguidade a Justiça torna-se monopólio da *Polis*. De seus cidadãos reunidos em assembleia. A Justiça privada é combatida desde os mais antigos cultores desse valor.

Se o senso de Justiça era baseado em normas comportamentais, ou até mesmo positivadas pela ação dos *Prœtores*, na Roma Imperial, no Medievo (sobretudo com a construção jurídica canônica) e na formação dos Estados nacionais, essas normas comportamentais passam, aos poucos, a se tornar normas de cunho imperativo, normas jurídicas. Com as conquistas sociais pela construção da legalidade por meio de representantes, que não apenas o Rei ou o Papa, as normas criadas passam ao patamar da legalidade instaurada.

Embora sempre tenha havido atos normativos emanados dos condes, dos duques, dos reis e do Papa nos limites de suas propriedades e responsabilidades, a formação do Estado nacional será o berço para se alcançar a criação de sistemas próprios com claras delimitações territoriais e funcionais. Com o movimento de constitucionalização, iniciado prematuramente pelos norte-americanos (final do século XVIII), os povos europeus caminham para a criação de uma ciência puramente jurídica que terá sua culminância no final do século XIX e início do século XX.

Embora possamos inferir que o sistema jurídico é construído primordialmente a partir das normas comportamentais da comunidade que o estabelece, em sua essência ele não significa necessariamente a moralidade positivada.[67]

---

[67] "*La legalidad no es moralidad; sólo a aquélla y no a ésta puede conducir la coerción jurídica. Y los bienes más bajos son de importancia tan elemental – precisamente porque configuran la base de todo el valor más alto – que precisan de semejante instancia de protección tan fuerte. La buena voluntad, que fácilmente falta, no es suficiente seguridad para ellos*" (HARTMANN, Nicolai. **Ética**. 1. ed. Madrid: Encuentro, 2011. p. 460).

A comunidade mais perfeita seria aquela em que cada um dos homens respeitasse os valores morais que carrega, respeitando o próximo. A difícil concretização dessas boas ações conduziu os homens a construir os sistemas legais. Mas como Hartmann repete, ainda assim não podemos confundir a moralidade com a legalidade, embora seus conteúdos possam ser semelhantes.[68]

A moralidade intrínseca ao homem é de uma autoexecutoriedade admirável, bastando que o homem siga seus valores mais inatos. A legalidade, a força da coerção, torna-se indispensável em uma comunidade em que a história demonstra que o homem é naturalmente egoísta e pratica poucas ações altruístas. Só se convive em comunidade com a existência de normas coativas que imponham condutas, mesmo que os detentores do poder tenham ciência da virtuosidade dos componentes dessa comunidade.

Como são campos distintos (legalidade e moralidade), embora seus conteúdos possam coincidir, o movimento do positivismo legal tem sua culminância com a Escola de Viena e seu maior representante em Hans Kelsen. Depois da *débâcle* dos impérios na Primeira Guerra Mundial começou-se a preconizar a idealização de que não somente a aplicação normativa ordinária seria satisfatória, mas que o estudo concentrado de uma teoria eminentemente jurídica poderia desprezar todos os demais campos do conhecimento humano, formando em torno de si própria uma autorregulamentação satisfativa aos objetivos de sua própria ciência. Nesse ponto, as teorizações de Kelsen e Schmitt tomam rumos opostos, como veremos mais à frente, no capítulo dedicado ao Guardião da Constituição (Capítulo 5).

Inicia-se a era de constituições sociais, o que muitos chamariam de "constituições garantias", onde se preconizava nas normas fundamentais dos países os principais valores da sociedade que a promulgava.

Começa nesse momento o nascimento de um monstro incontrolável que moraliza o jurídico e judicializa o moral. Como bem advertia Hartmann, seus conteúdos podem até ser coincidentes, mas legalidade não se confunde com moralidade. E os valores humanos são personalíssimos, embora a busca de suas fundamentações sempre seja em torno de sua objetivação.

Para Schmitt, o perigo que corremos é o culto aos valores subjetivos e o estabelecimento de uma gradação de valores. Aqui, apesar da inspiração em Hartmann, Schmitt discorda não apenas da objetivação de valores, mas da inexistência de um contravalor.

---

[68] *"Claro está que esto no excluye que este estrato de exigencias, mínimo y negativo en lo principal, también pueda ser querido y cumplido sin coerción, desde una disposición de ánimo auténticamente moral, esto es, por mor de él mismo. Tal voluntad y tal cumplimiento es, naturalmente, el ideal moral que está enlazado con todas las exigencias jurídicas. En este caso, coincidirán en contenido la legalidad y la moralidad"* (HARTMANN, Nicolai. Ética. p. 460).

2 Carl Schmitt, Valores, Política e Técnica

Qual é o valor supremo? Qual valor deverá ser empregado quando estamos diante de problemas de uma comunidade ou de uma sociedade inteira? A sua advertência, baseada em Hartmann, é que a realização de valores em uma comunidade pode destruir outros tantos valores que uma minoria defende.

Schmitt se refere a uma Tirania de Valores, pois para ele independe o foco que façamos nas interrogações puramente psicológicas, ideais ou normativas. O que verdadeiramente deve interessar ao homem atual é que a simples existência de valores provoca a existência de *não valores*. É a dialética da antítese binária que vamos encontrar em muitos de seus escritos, confirmando a terceira lei de Newton, que *a toda ação há sempre uma reação oposta e de igual intensidade*.

A rigor, a invocação de valores, ainda que objetiva, é um ato do intelecto de cada um dos homens envolvidos com os demais homens ou atos desses homens que, por uma razão ou outra, nos fazem buscar em nosso conhecimento ou em nosso "coração" atitudes neste ou naquele sentido. Deveriam ser ocasiões raras com que o homem se defronta na busca e ponderação desses valores, já que em muitas situações há sempre a repetição de fatos passados, e sabemos previamente como nosso intelecto reagiu e reage a esses mesmos problemas colocados sob novos matizes.

Se se esparge para o seio social deixa de ser apenas o "*ethos*", a morada individual, e passa a constituir a moralidade da sociedade ou da comunidade onde está inserido. Nesse caso, é efetivamente necessária sua objetivação e sua universalização para que todos aqueles que estejam inseridos nessa comunidade também recebam os efeitos dos valores cultuados por essa sociedade ou comunidade.

Problemas invocados por Carl Schmitt em seu ensaio sobre a Tirania dos Valores, e talvez esse ponto justifique o título de seu opúsculo, é que os valores estão constantemente sendo lembrados não apenas em atos corriqueiros de nosso viver, como também passaram a ser inseridos em nossas normas constitucionais e acabaram sendo mediocrizados pelas jurisprudências de nossos tribunais.[69] Há uma infinidade de situações que já

---

[69] "*En la República Federal alemana, desde hace unos años, penetra la filosofía de valores incluso en la jurisprudencia de los tribunales supremos y transforma la estructura tradicional de los conceptos de constitución, legislación y jurisdicción. Ernst Forsthoff, en un trabajo sobre* Die Umbildung des Verfassungsgesetzes *(La transformación de la ley constitucional) ha señalado los peligros que amenazan la persistencia y seguridad no sólo de la jurisdicción, sino incluso de constitucionalidad misma, si los tribunales supremos pretenden ser los protectores y ejecutores de valores supremos, en vez respetar los vínculos sólidos que forman la base y la condición existencial de su independencia judicial*" (SCHMITT, Carl. **La tiranía de los valores**. 1. ed. Granada: Editorial Comares, 2010. p. 35).

se encontram regradas pelas normas de direito ou pela simples moralidade do homem-indivíduo que dispensariam qualquer ponderação de valores por parte daquele que o invoca ou por parte daquele que o julga.

A invocação de valores não pode substituir o positivismo jurídico, como querem muitos, embora o positivismo puro esteja em uma posição de desafio frente à nova realidade técnico-social.[70] O assentamento de condutas repetitivas que se tornam leis tem o exato condão de conduzir o corpo social e seus componentes a seguir seus comandos sem que seja necessária a invocação constante de "valorações" ou "ponderação de valores".

A positivação dos valores ameaça concretamente a liberdade humana e sua responsabilidade religiosa-ética-jurídica.[71] Para Schmitt, está claro que há uma tentativa de substituir o metafísico pelo positivismo e que podemos caminhar para uma verdadeira ruptura ou guerra de valores. No momento em que ele escreve que o mundo estava bipolarizado e ameaçado pela ordem atômica das duas potências preponderantes.[72]

É necessária uma esfera de autodeterminação no homem que o propicie valorar os fatos da vida de acordo com suas convicções valorativas íntimas, livre da influência de quaisquer sistemas complexos e aglutinativos, sejam produzidos por outros homens, sejam produzidos pelo Estado. A esfera de liberdade do homem ainda se mantém no metafísico.

Contudo, a "valoração" puramente subjetiva das situações vividas pelo homem também pode nos conduzir a uma guerra de todos contra todos, daí a necessidade da busca de uma ética objetiva, mesmo sabendo que o homem pensa e age subjetivamente.[73]

---

[70] "O positivismo da lei do século XIX não mais satisfaz, e é notório o abuso revolucionário do conceito de uma legalidade clássica. O jurista de Direito público vê-se – perante a teologia ou a filosofia, por um lado, e o ajustamento técnico-social, por outro – em defensiva situação intermediária, na qual decai a intangibilidade autóctone de sua posição e está ameaçado o conceito informativo de suas definições" (SCHMITT, Carl. **O conceito do político** – Teoria do partisan. 1. ed. Belo Horizonte: Del Rey Editora, 2009. p. 14).

[71] SCHMITT, Carl. La tiranía de los valores. 1. ed. Granada: Editorial Comares, 2010. p. 38.

[72] *"Hoy en día, un jurista que se refiera a valores y sinvalores debe saber lo que hace. Podemos comprender históricamente el entusiasmo de Ortega del año de 1923, porque conocemos el origen que tuvo la filosofía de valores en la crisis nihilista del siglo XIX; pero ya no podemos compartirlo, porque hicimos la experiencia de que tampoco la pretensión de valores objetivos puede superar esta crisis. Por el contrario, la lógica del valor, que siempre es al mismo tiempo una lógica del sinvalor, condujo a una exacerbación enorme y amenaza de intensificar la problemática del siglo atómico"* (SCHMITT, Carl. **La tiranía de los valores**, p. 50).

[73] *"Es decir, su visión subjetiva. La libertad puramente subjetiva de establecer valores, sin embargo, conduce a una lucha eterna de valores e ideologías, a una guerra de todos contra todos, a una perpetua bellumomnium contra omnes e incluso el sangriento estado natural que describe Thomas Hobbes en su Filosofía del Estado, resulta idílios"* (SCHMITT, Carl. **La tiranía de los valores**, p. 39).

Historicamente, pondera Schmitt, as coisas teriam um valor e as pessoas uma dignidade. Valorar a dignidade era indigno. Nos dias atuais, a dignidade também constitui um valor, por influência dos próprios filósofos dos valores. O valor, para esses filósofos, não tem um "ser", senão uma "validez". O valor não "é". Em verdade, o valor "vale".[74]

Sob essa perspectiva, mesmo com a constitucionalização dos valores, a "validez" dos valores corre o risco de nos entranhar em uma especulação puramente materialista dos valores, aproximando-nos da ótica marxista que classifica como único valor da sociedade burguesa, produzida a partir da Revolução Industrial, a constituição de uma sociedade de proprietários e despossuídos, aqueles que detêm coisas e aqueles não as detêm, tudo acaba se tornando mercadoria e dinheiro.

A dificuldade da objetivação de valores e o alçamento que muitas nações fizeram desses valores à esfera constitucional podem explicar boa parte dos grandes problemas das sociedades na era das ideologias, com sua vertente mundial-nacional da construção da bipolarização da Guerra Fria.

Essas ideologias não se findaram com a queda do muro. Elas se mantêm vivas, cada vez mais vivas, porém escamoteadas com vieses gramscinianos. É perceptível que passamos de uma era de bipolarização para uma era multicultural, com a mescla valorativa de povos completamente díspares, mantendo-se ainda a ameaça atômica, não mais em consequência da bipolarização, mas justamente da multiplicidade de nações que adquiriram a tecnologia da destruição.

Parece-nos que a queda do muro abriu barreiras que impediam o livre trânsito não só de pessoas, como também de ideias e, sobretudo, de valores.

Continua havendo, não somente em relação ao multiculturalismo, mas, mormente com a sofisticação do avanço tecnológico, a exacerbação de valores puramente materialistas onde tenta se impor um sem-número de novos valores em todos os sistemas jurídicos nacionais.

O avanço tecnológico das comunicações e dos meios de transporte facilitou a migração coletiva de povos. Esses povos em novas nações querem ver preponderar valores estranhos a essas sociedades que os receberam ou os adotaram.

Essa valoração de uma ética eminentemente materialista dos valores não está somente atrelada aos antigos problemas de luta de classes, está

---

[74] SCHMITT, Carl. **La tiranía de los valores**, p. 36.

mais intrincada com um cambiante mundo valorativo, sobretudo em razão do avanço tecnológico que atrai, seduz, conquista e impõe o culto dos *sem valores*.[75]

Basta que nos foquemos no problema da técnica como substituta (ou companheira) inegável da era ideológica que poderemos concluir que o homem ainda se encontra problematizado com a positivação de toda a necessidade que a técnica demanda para continuar se retroalimentando.

O mundo, sem a esfera tecnológica, já é impensável, mas a insistência de uma ética de valores com apelo metafísico e com os "postulados da razão" ainda alimenta o sonho de liberdade do homem como sinônimo de uma redenção que culmina na revelação de um mundo valorativo cultural, onde as diferentes culturas sejam respeitadas, mas essas diferentes culturas não imponham seu *modus vivendi* aos povos que as aceitam.

O culto de uma ética valorativa tem o condão de nos apartar do puro materialismo e do puro tecnologismo que nos desumaniza e nos afasta de qualquer ideário de sacralidade que ainda alimenta muitos homens.

3 Tecnologia como política

Em 1927, Carl Schmitt publicou uma de suas obras de maior repercussão no estudo de seu antiliberalismo, **O Conceito do Político**. Nesta obra, Schmitt procura demonstrar a grandeza da conceituação de Política como abrangente de todas as formas de relação, sejam relações inter-humanas, interestatais e entre o Estado e o homem, o Estado e as sociedades.

Com suas antíteses binárias, suas primeiras demonstrações sobre o antagonismo da esfera política em relação ao espiritual-eclesiástico e ao mundano-político remontam ao discurso do rompimento da unidade política europeia no século XVI com as guerras confessionais.

Independente do confessional de cada uma das partes envolvidas no conflito, prevalecia a visão de alguns políticos que sobrelevavam a figura estatal em detrimento das inspirações confessionais que muitos príncipes e reis preconizavam quando chamavam seus povos à guerra.

---

[75] "É sob esta impressão que surgiram as mui citadas palavras de Walther Rathenau de que, hoje, não é a política que constitui o destino. Mais correto seria dizer que a política continua sendo o destino, sobrevindo apenas que a economia se politizou, convertendo-se, com isso, em 'destino'" (SCHMITT, Carl. **O conceito do político** – Teoria do partisan. 1. ed. Belo Horizonte: Del Rey Editora, 2009. p. 84).

2 Carl Schmitt, Valores, Política e Técnica

Surge aí o ideário de um Estado que independe de sua confissão popular, mas que deve basear sua sobrevivência em razão de seus próprios interesses, e não mais nos interesses papais ou interesses pessoais dos reis e príncipes envolvidos nas querelas. Os escritos de Maquiavel, Jean Bodin e as ações de Richelieu inauguram a fase em que a Europa, mesmo que ainda medieval, começara a caminhar no sentido de que a confissão religiosa não era determinante para descrever as ações de seus soberanos. E seus soberanos não podiam mais fazer escolhas exclusivamente confessionais ou pessoais para determinar quando seus exércitos deveriam se mobilizar para combater o inimigo.

Era o Estado como centro das preocupações do homem e o Estado como promotor da paz pública, como defensor do súdito. Tardiamente, como promotor de um colossal normativo legal que dava existência a ele próprio e justificava sua existência.[76]

No prefácio da edição dessa mesma obra, mas escrito em 1963, Carl Schmitt alegava que esse ideário clássico estava ameaçado. Caminhavase para uma superestrutura estatal que ele designava como eurocêntrica. Era, assim, para ele, o início do que veio a se concretizar com a formação europeia. Todavia, muitos, até hoje, não conseguem determinar que modelo clássico de organização adotou a Europa. Clássica, para Schmitt, é a possibilidade de diferenciações claras e inequívocas.

Para Schmitt, ainda que o centro seja europeu, as conceituações básicas de política não estavam descartadas. O homem contemporâneo continuaria a viver em um ambiente cada vez mais politizado. A política era o cerne da (con)vivência humana. O homem, nos atos mais simples que desempenha, age politicamente. Sua frase de abertura do texto de 1927

---

[76] "Houve um tempo no qual fazia sentido identificar os conceitos de estatal e político, pois o clássico Estado europeu lograra algo totalmente improvável: conseguir a paz em seu interior e excluir a inimizade como conceito jurídico. Conseguira extinguir o desafio, um instituto do direito medieval, pôr um fim às guerras civis confessionais dos séculos XVI e XVII, conduzidas por ambos os lados como guerras especialmente justas, e estabelecer, dentro de seu território, a paz, a segurança e a ordem. A fórmula 'paz, segurança e ordem' serviu, como se sabe, de definição da polícia. No interior de tal Estado só existia, realmente, polícia e não mais política, a não ser que se caracterizem como políticas intrigas da corte, rivalidades, frondas e tentativas de rebelião por parte de descontentes, em suma 'distúrbios'. Naturalmente, semelhante emprego do termo política é igualmente possível e seria uma disputa por palavras discutir a respeito de sua correção ou inexatidão. Mas há de se observar que ambas as palavras, tanto política quanto polícia, derivam da mesma palavra grega *polis*. A política, em seu grande estilo, era, outrora, apenas a política externa que um Estado soberano como tal, perante outros Estados soberanos que reconhecia como tais, executava no nível deste reconhecimento ao decidir sobre mútua amizade, inimizade ou neutralidade" (SCHMITT, Carl. **O conceito do político** – Teoria do partisan. 1. ed. Belo Horizonte: Del Rey Editora, 2009. p. 8 e 9).

é esta: **o conceito de Estado pressupõe o conceito de político**. Qualquer contraposição entre grupos, ou mesmo indivíduos, deve ser tratada na esfera do político, do amigo-inimigo.[77]

Para efeitos de delimitação de nosso estudo procuraremos demonstrar que essas definições, a par de escritas na década de 1920, do século passado, ainda não estão superadas.

O que vislumbramos dos escritos de Schmitt é o mal-estar provocado pelo avanço tecnológico que tenta substituir a esfera política de poder, trazendo como herança o irracionalismo. Mas essa tendência é sobremaneira tão forte que é imprescindível recobrar o político e o metafísico para que o homem possa compreender e dominar os fins da técnica.

Quer seja no âmbito do Estado nacional ou de uma comunidade dos Estados que percebemos agigantar nos dias atuais, Schmitt preconizava que a organização atual era uma mera reprodução das instituições teológicas construídas pela Santa Igreja desde a queda de Roma.[78] E a Santa Igreja seria a única herdeira da organização estatal fabulosa construída pelos romanos. As secularizações das instituições teológicas deram a ossatura para o estado nacional europeu. Nem mesmo a secularização forçada a partir dos eventos de 1789 conseguiu descartar essa força teológica sobre as instituições secularizadas. O estado atual é uma reprodução da organização eclesiástica com mais transparência.

---

[77] "O político pode extrair sua força dos mais diversos âmbitos da vida humana, das contraposições religiosas, econômicas, morais e outros tipos; ele não caracteriza nenhum domínio próprio, e sim tão somente o grau de intensidade de uma associação ou dissociação de pessoas, cujos motivos podem ser de índole religiosa, nacional (no sentido étnico ou cultural), econômica ou de outra espécie, provocando, em momentos distintos, diversas ligações e separações. O agrupamento real do tipo amigo-inimigo é onticamente tão forte e concludente que a contraposição de cunho não político, no mesmo momento em que suscita este agrupamento, relega a um segundo plano seus critérios e motivos até então 'puramente' religiosos, 'puramente' econômicos e 'puramente' culturais, ficando submetida às novas e peculiares condições e conclusões da situação doravante política, condições e conclusões estas que vistas, daquele 'puro' ponto de partida 'puramente' religioso, ou 'puramente' econômico, entre outros, são frequentemente muito inconsequentes e 'irracionais'. Político é, em todo o caso, sempre o agrupamento que se orienta pelo crítico" (SCHMITT, Carl. **O conceito do político** – Teoria do partisan. 1. ed. Belo Horizonte: Del Rey Editora, 2009. p. 40 e 41).

[78] "Na 'luta cultural' contra a igreja de Roma ficou manifesto que mesmo um Estado com a força inquebrantável do império de Bismarck não era absolutamente soberano e onipotente; tampouco saiu vitorioso este Estado em sua luta contra o operariado socialista ou, no âmbito econômico, teria estado em condições de tomar das mãos dos sindicatos o poder residente no 'direito de greve'. Essa crítica é, em alto grau, acertada. Os enunciados sobre a 'onipotência' do Estado são, na realidade, com frequência apenas secularizações superficiais das fórmulas teológicas da impotência de Deus; [...]" (SCHMITT, Carl. **O conceito do político** – Teoria do partisan, p. 45).

A secularização se concretizou e se perenizou no auge da formação dos Estados europeus mais tardios (Itália e Alemanha), sob os auspícios do sistema liberal econômico. Esse sistema liberal exigia das nações, mesmo daquelas que não podiam admitir a completa ingerência das formas de representação que evoluiriam até o Parlamento moderno, um estado burocratizado que estivesse preparado para tributar e oferecer cada vez mais serviços a uma classe que crescia vertiginosamente com o incremento dos aparatos industriais em todas as nações da Europa ocidental.

Nosso autor posicionou-se peremptoriamente contra o puro liberalismo, porque esse liberalismo significava a decadência do mundo que vivera e se constituíra na prevalência de um modelo que levou seu país à beira da guerra civil.

O liberalismo, com sua noção de sujeito individual, desconhecido pelos demais, enclausurado em seu próprio mundo privado e negocial, era incapaz de influenciar a esfera pública de poder, não se interessava pela função pública, muito menos pela prerrogativa de liderá-la. O homem liberal era incapaz de entender a essência da representação.[79] Ele fomentava atitudes normativas que protegessem seus interesses, mas não se interessava pela sua implementação.

Suas noções antiliberais são calcadas em seus dilemas alemães, vivenciados pelo próprio, e nas leituras que fazia de escritores do século anterior (XIX) que ainda valoravam a dignidade, a honra, o desafio, a redenção pelo combate e pela oração. Era um escritor que acreditava que a força do Império Romano havia sido substituída pelo aparato cristão-católico desenvolvido pela Santa Igreja durante o Medievo. Há certa crença ainda no mito salvador como Estado portentoso que virá para salvar, e não para oprimir.[80] É compreensível esse tipo de pensamento em uma Europa que vivia de grandes embates e alianças bélicas, desde a formação dos primeiros Estados nacionais (Portugal, Espanha e França) no século XV.

Os Estados europeus tinham como destino a constante preparação para o conflito, e essa preparação só se faz com uma boa organização estatal. Schmitt não podia prescindir de um Estado burocrático para a garantia de

---

[79] BERLANGA, José Luis Villacañas. **Poder y conflicto** – Ensayos sobre Carl Schmitt. 1. ed. Madrid: Biblioteca Nueva, 2008. p. 18.

[80] *"Lo mítico, sin embargo, le parecía como un seguro de inmortalidad de lo político. El derecho, nomos o ius, era para él, por el contrario, la aspiración por la que el mito y el conflicto quedaban reflejados, ordenados y expresados en una justicia, trascendido en una idea"* (BERLANGA, José Luis Villacañas. **Poder y conflicto** – Ensayos sobre Carl Schmitt, p. 20).

sua própria sobrevivência. Essa centralidade do estado europeu significava a especificidade dentro da ideia de político, e o liberalismo prescinde dessa esfera de centralidade.[81] Pelo contrário, quanto maior a liberdade e mais desorganizado esteja o Estado, maiores são as chances de que uma economia crescente mostre suas forças.

A ideia de liberdade era mais facilmente compreensível na América anglo-saxã, que era um país com formação recente, construído a partir de um espírito de liberdade, onde não havia fronteiras com inimigos históricos. Ali não era necessário um Estado forte no momento da constituição da nação. Privilegiava-se a liberdade em detrimento da segurança.

Seus pensamentos serviram ao ideário predominante no entreguerras, e, mesmo após esse período, na retomada de uma visão conservadora a partir das contestações iniciais ao modelo representativo do Estado moderno a partir da década de 1970, e que perdura até os dias atuais.

Para o estudo do "político" não nos interessa aqui a continuidade da exploração desse tema como a guerra, os inimigos, as rebeliões. O que irá nos interessar é a definição que o político adota como componente normativo de uma nova realidade técnico-social.

Além disso, procuramos enfocar sua aversão à penetração da técnica no pensamento moderno, tendo-a como sinônimo de valores exclusivamente econômicos e positivistas.

4 Inspiração weberiana para a significação da técnica como irracionalidade

Max Weber foi um inspirador de Carl Schmitt e de seu contemporâneo Georg Lukács, embora este com nítida inspiração marxista.

Na obra fulcral de Weber (**A Ética Protestante e o Espírito do Capitalismo**), em um de seus capítulos mais importantes, o autor aponta o trabalho como a redenção do cristão, principalmente dos cristãos protestantes. Eram esses, e não os católicos, que haviam preparado o caminho para o desenvolvimento do sistema capitalista.

Citando várias passagens bíblicas e alguns doutrinadores protestantes, Weber demonstra a "sacralidade" do trabalho em oposição a algumas conexões cristãs-católicas do Medievo que viam no ato contemplativo uma das virtudes que os homens deveriam cultuar.

---

[81] *Idem, ibidem.*

2 Carl Schmitt, Valores, Política e Técnica

Há forçosamente uma tentativa de exaltar a fé cristã-protestante como mais propensa ao desenvolvimento do capital, justamente pela emancipação que o trabalho fazia com aqueles que acreditavam que a redenção só podia ser obtida com muito esforço.

Essa conclusão leva Weber a construir uma racionalidade preponderante para o capitalismo, até mesmo para justificar seu desenvolvimento em algumas nações em maior grau do que em outras.[82] Essa condução racional do capitalismo como virtude será combatida por Schmitt, pois Weber atentara para a formação do capital e as virtudes de seu reconhecimento como política hegemônica, mas descartara de sua análise a existência concreta da desigualdade, as manifestações sociais contra o sistema e, por isso tudo, a prevalência do irracionalismo.

Esse racionalismo preconizado por Weber para o desenvolvimento do sistema capitalista soava a Schmitt como uma manifestação do Romantismo, de uma forma ideal adotada por aquela sociedade que desconhecia as realidades que faziam parte do desenvolvimento do sistema.[83]

Mas como fugir da lógica capitalista que, independente da justiça em relação aos atos dos liberais que se aglutinavam em vários partidos, não se importava com a formação de uma racionalidade explícita que pudesse explicar o desarrazoado do incremento da produção e da falibilidade das forças humanas que eram responsáveis por esse incremento?

Era nítido, antes do avanço do campo social, que o liberalismo se apoiava em uma dinâmica que não levava em conta o bem-estar humano. Na irracionalidade do sistema pode-se partir dessa premissa: o homem deixa de ser a preocupação primeira do Estado Liberal para se tornar apenas um instrumento na busca de um Estado eficiente que produz, produz e produz. E é a partir dessa produção que ele se fortalece como Estado nacional.

O que mais incomoda Schmitt é o modo de pensar que caracteriza a modernidade, que se traduz em uma dominação cega da natureza e o que

---

[82] "Até onde alcançou a potência da concepção puritana de vida, em todos esses casos ela beneficiou – e isso, naturalmente, é muito mais importante que o mero favorecimento da acumulação de capital – a tendência à conduta de vida burguesa economicamente racional; ela foi seu mais essencial, ou melhor, acima de tudo seu único portador consequente. Ela fez a cama para o '*homo œconomicus*' moderno" (WEBER, Max. **A ética protestante e o espírito do capitalismo**. 1. ed. São Paulo: Cia. das Letras, 2004. p. 158).

[83] "[...] *modernity, rather than fostering the 'disenchantment' of politics or the banishment of cultural superstition, itself manufactures them; concomitantly, Weber's Kantian methodology and politics, rather than promoting Enlightenment rationality, instead harbors a potentially dangerous irrationality*" (McCORMICK, John P. **Carl Schmitt's critique of liberalism –** Against politics as technology. 1st ed. Cambridge: Cambridge University Press, 1997. p. 34).

veio a ser chamado de "razão instrumental"; "meios funcionais" dirigidos à falta de objetivos concretos para o homem. Racionalidade passa a significar "produção eficiente", e essa produção eficiente gera demanda que acaba desembocando em consumo de produtos com impulsos irracionais.[84]

E a tecnologia moderna era muito mais do que simplesmente a aplicação da técnica à ciência. Era caracterizada como capitalista, mecanicista, relativista, redundando em uma era de comércio, tecnologia e organização.[85]

5 A desteologização da vida, sua mecanização e o triunfo da técnica.

Quis custodiet ipsos custodes?

A fábrica era a assinatura desse novo sistema. A existência pura da industrialização destruíra a capacidade artesanal do homem. É nessa atividade artesanal que ainda se pode identificar, com certa nostalgia, a construção de uma arte. Não se podia falar mais em produto *"fatto a mano"*. O sistema desconstruíra a capacidade artística humana com a produção em série. Não era interessante mais atender a um único homem ou mesmo a comunidades inteiras. Era necessário conquistar o mundo, espargir fronteiras, impor produtos, internalizar riquezas e valores. O mundo deixa sua ingenuidade confessional e se descarrega numa lógica quase puramente materialista.

Esse modo de organizar o sistema de produção abstrai, forçosamente, qualquer consideração sobre as forças naturais. Pelo contrário, o início do sistema industrial-tecnológico sempre desprezou qualquer consideração em relação às forças naturais, sejam elas encaradas como manifestações puras da própria natureza, sejam elas encaradas como a manifestação espiritual do próprio homem.

Quando se criou a produção em série não se perquiriu sobre os desgastes e a monotonia que o homem saído do campo viveria com a repetição mecânica de atos. Essa lógica industrial-tecnológica produziu exércitos de mecanicistas que somente estavam preparados para desempenhar uma ou algumas poucas tarefas. Era uma época que retirava a possibilidade de o homem aprender outros ofícios, de se instruir, de se interessar pela arte, pela política, pelo bem público. Não havia tempo, o homem, necessariamente, deveria pensar em seu autossustento.

---

[84] McCORMICK, John P. **Carl Schmitt's critique of liberalism –** Against politics as technology, p. 42.

[85] *Idem, ibidem.*

2 Carl Schmitt, Valores, Política e Técnica

E com todo o avanço tecnológico obtido durante o século XX a situação essencial do homem não cambiou. Em algumas tarefas ele foi substituído por máquinas com autorreprodução, mas continua atrelado a uma tarefa de controlar essas máquinas, fiscalizar e produzir. A tecnologia, que pode ser uma saída para lhe trazer mais tempo para o ócio, até este momento tem produzido uma "nuvem de cobertura" sobre as possibilidades de termos o homem interessado na *polis* ou nas artes. O mundo tecnológico ainda demanda sobremaneira a ação humana e não se vislumbra, em futuro próximo, uma era tecnológica que possa permitir sua dedicação a outras ciências que não advenham do puro materialismo.

Sabemos que a lógica da era industrial-tecnológica é constituída por um binômio de oferta e demanda, mas simultaneamente a isso é perceptível a irracionalidade da produção de vários bens de consumo que não são vitais ao homem, nem ao seu desenvolvimento. Cria-se com essa "*senseless production*" um modo de incentivar o consumo puro da tecnologia, sem justificação. O consumo pelo consumo é o mote que alimenta o sistema atual.

Se até a Segunda Grande Guerra as necessidades sociais tecnológicas eram conduzidas pelas necessidades do homem e das novas adaptações à vida moderna, o pós-Segunda Guerra foi marcado pela produção de bens que se destinassem à nova lógica da Guerra Fria, à produção bélica e à satisfação puramente pessoal do indivíduo, com a produção de produtos muitas vezes supérfluos que eram criados para serem descartados após algum tempo. O que mais importava era, e é, a disputa entre as nações sobre as quantidades de produtos que cada uma tinha a capacidade de produzir e consumir. Essa lógica irracional do produzir para encantar, sem perquirir sobre a sua real necessidade, eivou o mundo de um "*senseless purpose*".[86]

---

[86] "Após terem reconstruído suas instalações industriais no início da década de 1959, os ex-beligerantes passaram a adotar novas tecnologias. Dos avanços do período entreguerras das décadas de 1920 e 1930 em termos de produção e produtos, poucos foram aplicados fora da América do Norte. O automóvel, o principal símbolo da riqueza norte-americana, foi o mais importante. Nos Estados Unidos, na década de 1950, mais de 40 milhões de carros circulavam nas ruas, o que significava sete automóveis norte-americanos para cada carro na Europa: o número de veículos motorizados só no Estado da Califórnia era maior que em todo o continente europeu. Até 1973, a Europa havia se motorizado. Em menos de 25 anos, o número de carros de passeio na Alemanha subiu de meio milhão para 17 milhões; na França aumentou de 1,5 milhão para 14,5 milhões, e assim por diante. Em 1973, o número de veículos no continente era dez vezes maior que em 1950, sendo que 60 milhões eram carros de passeio. Nesse momento, os 17 milhões de habitantes da Escandinávia possuíam mais carros que os 300 milhões de cidadãos da Europa ocidental duas décadas antes. Havia 102 milhões de carros nas ruas, de forma que a relação entre o número de carros norte-americanos e europeus era 1,7 para um" (FRIEDEN, Jeffry A. **Capitalismo global** – História econômica e política do século XX. 1. ed. Rio de Janeiro: Zahar, 2008. p. 303).

Como afirma McCormick, os produtos, quer sejam produzidos por uma linha capitalista tradicional ou resultado das decisões do sistema burocratizado, são produzidos rápida e eficientemente sem qualquer consideração sobre seus valores éticos.[87]

O estado burocratizado se prepara para nutrir esse aparato industrial consumista. Para Schmitt, a lei torna-se poder, lealdade (ao sistema), cálculo, verdade, geralmente reconhecidos como valores corretos. Espalha-se uma confusão e uma falsificação de valores governados por interesses. Em vez da distinção entre bem e mal, enuncia-se uma diferenciação entre o útil e o inútil.

Para ele, a lógica marxista de produção proletária e a moderna lógica capitalista da propriedade são irmãs gêmeas. Elas estão umbilicalmente ligadas quando ambas têm como único propósito o pensamento econômico. O desenvolvimento a qualquer custo, sem considerar quaisquer aspectos valorativos ou metafísicos do homem, comprovaria, para Schmitt, que os dois sistemas dominantes no pós-Segunda Guerra desejam o mesmo fim: o pensamento e uma lógica puramente material, a produção a qualquer custo. Um, à custa de uma ilusória hegemonia do proletariado, o verdadeiro proprietário dos meios de produção, que se mostrou ineficiente com o decorrer do tempo; e o outro sob a premissa da iniciativa privada na produção da riqueza e a submissão de alguns homens sob o comando de outros poucos. Essa ótica ainda prevalece, pois lega ao homem alguma autonomia individual e obriga-o à produção. Quem não produz não come!

Esse pensamento puramente econômico afasta a possibilidade de o homem pensar a vida nos seus aspectos psicológicos e sociológicos sob outra ética que não fosse a material. O puro materialismo se torna o condutor do pensamento humano, ceifando rigorosamente qualquer herança romano-católica sobre uma ética valorativa.[88]

Nas palavras do próprio Schmitt, o racionalismo econômico está distante do racionalismo católico. A tecnologia moderna tornou-se facilmente serva das necessidades do sistema. Na economia moderna o irracionalismo completo é dirigido ao consumo conforme a produção racional do sistema.[89]

---

[87] McCORMICK, John P. Carl Schmitt's critique of liberalism – Against politics as technology, p. 42.
[88] *"The rationalism of the Roman Church morally encompasses the psychological and sociological nature of man and, unlike industry and technology, is not concerned with domination and exploitation matter. The Church has its own rationality. Renan's dictum is well-known:* Toute victoire de Rome est une victoire de la raison" (SCHMITT, Carl. **Roman catholicism and political form**. 1st ed. London: Greenwood Press, 1996. p. 13).
[89] SCHMITT, Carl. Roman catholicism and political form, p. 14.

2 Carl Schmitt, Valores, Política e Técnica

O racionalismo econômico está direcionado apenas a satisfazer determinadas demandas do homem. Nas cidades esse racionalismo chegou ao cúmulo de poder construir uma lógica própria que atende apenas a ele, uma forma calculável. O homem católico que tenha na racionalidade cristã a sua base de crença deve se horrorizar contra esse sistema de pura materialização da vida.[90]

O mal-estar da Cristandade (ou melhor, do Catolicismo) advém da percepção do conceito de que o racional é distorcido pelos valores materiais trazidos pela nova era industrial-tecnológica. Uma racionalidade espiritual-cristã pressupõe a valorização de uma ética do amor, do perdão, da compaixão, da piedade, das razões do coração, como relembra Max Scheler, acima de quaisquer outros valores. O puro materialismo, sem que o que crê se dê conta, acaba por relativizar todos esses valores e dirigi-los para o sentido de justificar a posse de bens, a acumulação de riquezas, a exploração do homem pelo homem, pois o crente, independente do credo, não tem alternativa senão aderir à nova era de irracionalismo que impõe um comportamento de comando e obediência, de busca do material, ainda que os valores maiores herdados da pregação cristológica sejam deixados de lado em nome de um valor também fundamental para os dois mundos que se contrapõem: a vida. A vida na racionalidade cristã ou na irracionalidade materialista continua a ser um valor cultuado.

Mesmo valorizando a vida, o homem tecnológico caminha para uma subjetivação que lhe retira todo extrato metafísico que lhe proporciona alento. A despolitização e a neutralização da sociedade retiram do político o seu campo de atuação e se subordinam ao ocasionalismo subjetivado, ao pensamento econômico-técnico. Há uma sobrevalorização do "eu". Há desprezo pelo "outro". O mundo perde a noção de comunidade, de unidade. O que importa é a mercantilização da vida e o radicalismo do bem-estar que se apossam do espaço público como resultado histórico que mina as bases do Estado soberano.[91]

> A despolitização social pretendida pela negação da antítese schmittiana, de que amigo e inimigo não são apenas o adversário político, leva ao contrário do que preconizava Schmitt: o triunfo de uma política de partidos. Como adverte Derrida, Schmitt encontra

---

[90] SCHMITT, Carl. **Roman catholicism and political form**, p. 15.
[91] DÍEZ, Luis Gonzalo. **Anatomía del intelectual reaccionario: Joseph de Maistre, Vilfredo Pareto y Carl Schmitt** – La metamorfosis fascista del conservadurismo. 1. ed. Madrid: Biblioteca Nueva, 2007. p. 65.

nessa despolitização uma franca debilitação do Estado. "Quando a ideia de "unidade política" "perde a sua força" (*seine Kraft verliert*) e os antagonismos internos superam em intensidade a unidade ou a comunidade que regula a política exterior".[92] Essa limitação do Político a uma seara partidária serve aos interesses particulares dentro do Estado (e mesmo dentro do Parlamento). É a força do econômico sobre a noção de unidade estatal e sobre a esfera de desmaterialização do homem como membro de uma unidade.

Toda e qualquer noção de sofrimento como redenção, característico da vida cristã, é afastado em nome da busca desenfreada do hedonismo cirenaico. O homem, sobretudo aquele que pode, deve trabalhar e usufruir ao máximo de tudo o que constrói materialmente. Qualquer pudor cristão de resignação às vicissitudes da vida deve ser terminantemente afastado. Não há espaço para um hedonismo epicurista.

Nesse buscar desenfreado hedonista o homem se esquece de sua porção racional-cristã, e o que lhe importa é a satisfação com a matéria. Para o novo homem tecnológico Deus estava morto há muito tempo, mesmo antes de 1789 ou de Nietzsche. O homem pretendia ter as mesmas forças do divino quando alguns democratas utópicos lhes disseram que eles dependiam deles próprios e não mais de qualquer comunidade eclesial ou pensamento religioso. Eles próprios poderiam ser os novos nobres, desde que pudessem prover o seu próprio sustento. Cria-se uma ética egoística, e no talante do mercado qualquer artifício para o sucesso é sempre bem-vindo, independente da gradação de valores.

O homem passa a ser livre para conquistar seus desejos, seja na vida pública ou na vida privada. O edificar-se depende do próprio homem.

Na igualdade, todos os homens se assemelham, e nenhum deve ao outro a sua vida. A preocupação de muitos conservadores precursores de Schmitt é que, se decaem os laços de fidelidade, a democracia deveria criar outros laços artificiais que ligassem os homens para que construíssem juntos o futuro. Como não acreditam mais em juramentos nem nas promessas da Igreja, os homens devem testar todas as fortunas e os infortúnios de suas vidas por si próprios. Toma corpo a racionalidade (ou uma irracionalidade, como prefere Schmitt), uma racionalidade que determina que o homem deixe de crer em imagens e crenças; ele deve ser seu próprio senhor. Estava instaurado o individualismo humano. O homem se fecha em si e faz suas próprias descobertas.

---

[92] DERRIDA, Jacques. De la hostilidad absoluta. *In*: **Políticas de amistad seguido del oído de Heidegger**. 1. ed. Madrid: Editorial Trotta, 1998. p. 141.

2 Carl Schmitt, Valores, Política e Técnica

Nesse movimento centrípeto o homem se fecha em si e deixa de se preocupar com os assuntos da sociedade geral. Não se importa com os assuntos públicos. Pode-se ver que o princípio democrático que alimenta o individualismo obriga o homem a preocupar-se com os próprios negócios e esquecer a complexa vida em sociedade. A democracia, neste ponto, mediocriza a esfera pública de poder.

O homem está dedicado aos seus próprios negócios. Ele procura o seu bem-estar. Ele procura a acumulação de riquezas. Apenas por meio da acumulação ele conseguirá se diferenciar dos demais. A nova classe surge da quantidade de ouro que possui, e não do nascimento. Mas, ao dedicar-se a si próprio o homem deixa de ter tempo para o ócio produtivo, para o cultivo das artes e das ciências.[93]

A desteologização do real e a transformação da realidade são artifícios para a produtividade estética do indivíduo. O problema burguês constitui, em primeiro lugar, um problema ontológico que deseja a insubordinação do indivíduo àquele que o transcende. Essa nova realidade material despreza a realidade, e por desprezar o sentido do real acabará por sofrer a vingança da verdade.[94]

Como processo histórico, o mundo europeu moveu-se da controvérsia religiosa do século XVI para o processo do culto do metafísico no século XVII e, sucessivamente, para o humanitarismo moral do século XVIII, o economicismo do século XIX e o tecnológico no século XX.

Schmitt está convicto da tecnologização da vida e da relativização da esfera política do poder como sinônimo de uma ordem teológica esquecida que passaria a guiar a formação do Estado e, por conseguinte, o arranjo econômico intraestatal. Como ele se depara com uma idealidade e um irracionalismo que não vislumbram outra conformação que não seja o materialismo, é necessário que o Estado, e, como consequência lógica, o sistema normativo construído a partir dele possam trazer a si a racionalidade do sistema e consigam ter êxito em controlar os excessos e, mais do que tudo, mostrar ao corpo político (representantes e representados) que é necessário controlar o desmesurado da tecnologia.

---

[93] Nas palavras de Marvin Zetterbaum: "*Cuando el individualismo va unido a la igualdad de condiciones, se despierta una sed insaciable de las comodidades materiales de este mundo. En una sociedad carente de los tradicionales frenos y obligaciones – para con el país, para con los señores, para con la Iglesia –, los hombres se esfuerzan por satisfacer sus deseos – inmediatamente sentidos, inmediatamente inteligibles – para mejorar sus condiciones de vida*" (ZETTERBAUM, Marvin. Aléxis de Tocqueville. *In*: **Historia de la filosofía política**. 1. ed. 4. reimpresión Ciudad de México: Fundo de Cultura Económica, 2004. p. 720).

[94] DÍEZ, Luis Gonzalo. Anatomía del intelectual reaccionario: Joseph de Maistre, Vilfredo Pareto y Carl Schmitt – La metamorfosis fascista del conservadurismo, p. 65.

Na visão de Schmitt nenhum sistema político sobrevive a uma geração somente com o culto à técnica pura de preservar o poder. Não há política sem autoridade, e não há autoridade sem um *ethos* de crença.[95]

O próprio Schmitt responde que um novo tipo de política surge juntamente com o poder baseado em critérios exclusivamente econômicos. Mesmo sendo um novo tipo de política que promove um tipo específico de validade e autoridade esse novo tipo de política (ou poder) se justifica apenas apelando para indispensabilidade social da saúde pública (*salut public*).[96] Não se organiza e se mantém uma sociedade complexa como a atual sem os recursos econômicos modernos que propiciam a organização e a propagação de políticas dirigidas ao *homus œconomicus*, principalmente àqueles que menos se adaptaram às mudanças.

É de se indagar: essa política construída com base em uma ética exclusivamente materialista, e muitas vezes clientelista, pode sobreviver a uma crise que coloque em dúvida a sua capacidade de tentar (ou prometer) atender a tudo e a todos?

No Medievo a salvação estava na crença, bastava ter fé, independente da ingerência de qualquer poder, que a salvação estava garantida. No Renascimento e no Iluminismo a salvação estava na descoberta e no culto da pura razão, ainda que esta razão dispensasse o bem-estar dos homens, pois isso não era preocupação dos filósofos e dos reis. Não havia consciência social.

Mas quando se acredita que a salvação é "deste mundo" e é essencialmente material, os mais frágeis precisam se apoiar no sistema. E é este mesmo sistema que lhes retirou a fé, incutiu-lhes um racionalismo puro e os materializou. Tornaram-se homens estritamente econômicos, sem fé, sem crenças, sem mistérios.

Como preencher esse vazio?

Como a transformação natural de algumas espécies humanas que eram terrestres e se tornaram marítimas e vice-versa, o homem precisa se adaptar à terra firme, essencialmente materializada. No textual de Villacañas:

> Y la técnica moderna con su nueva política de espacios tiene que ver con ese desarraigo de la tierra firme y con este volcarse al mar y al aire. Pero no hay que olvidar que estos fenómenos

---

[95] "*No political system can survive even a generation with only naked techniques of holding power. To the political belongs the idea, because there is no politics without authority and no authority without an ethos of belief*" (SCHMITT, Carl. **Roman catholicism and political form**. 1st ed. London: Greenwood Press, 1996. p. 17).

[96] *Idem, ibidem.*

espaciales, tierra firme, aire y mar, son partes de las formas de vida de la Tierra. Cuando se pasa de una a otra, algunas formas de vida ganan y otras pierden. Y el resultado de esta victoria y de esta derrota es el orden de la Tierra entera.[97]

Aderimos novamente ao darwinismo evolucionista, ou há como encontrar um *ethos* próprio do homem que não despreza a materialização da vida, mas ainda crê no sentido metafísico de sua existência.

O controle dessa nova ordem tecnológica não pode fugir ao controle do político. É o político que conduz a vida, que também é política e nunca deixará de sê-lo. Mas quem poderá ser este guardião? Quem custodia a tecnologia que já nos tem como custodiados?

---

[97] BERLANGA, José Luis Villacañas. **Poder y conflicto** – Ensayos sobre Carl Schmitt, p. 104.

3 Carl Schmitt: O Conceito de Político, Valor-Contravalor

1. O conceito de político. 2. O valor, contravalor. 3. A extinção da vontade política? 4. É possível uma vontade política planificada, uma ordem superlegal?

1 O conceito de político

Encerramos o último capítulo com a indagação sobre quem poderia ser autoridade, entidade, instituição, ou seja, a pessoa que resguardasse o mundo da conquista pela técnica pura, hoje mais identificada como uma tecnologia desmesurada.

Podemos viver sem a tecnologia que nos circunda? Como controlar os limites que ela pode nos impor? Quem deve ser o guardião de alguma esfera de transcendência indispensável ao homem para satisfação própria diante de um mundo desencantado?

São essas questões que tentaremos responder, com a inclusão do "fator político" como um dos bastiões da esfera de coordenação humana sobre o desmesurado crescimento da era tecnológica e sua dominação absoluta sobre nossos modos de vida.

Para Schmitt, em seu ensaio de 1927, republicado em 1932, **O Conceito de Político**, o Estado pode encarnar várias formas; principalmente naquele tempo em que ele vislumbrava uma oposição crescente entre o que seria o Político de outros campos que se desenvolviam na sociedade: política e economia; política e moral; política e Direito.

Nessa conceituação, o Estado aparece como alguma instituição, pessoa ou comunidade ligada à esfera política da vida do cidadão. Já na época, com sua descrença pelo Parlamentarismo de Weimar, o próprio Schmitt, de forma depreciativa, afirmava que muitos políticos acreditavam que havia, sim, uma oposição entre esfera política e as demais esferas da vida. Quando um homem desejasse minimizar a sua atuação na vida era comum taxar algum adversário de político e ele próprio como apolítico.[98]

O que Schmitt quer? Ele quer comprovar que a esfera do político não se restringe apenas à esfera estatal. Era justificável, nas querelas do século XIX, opor a existência de sociedade, empresas, comunidades ao conceito de Estado. Eram entidades autônomas que não faziam parte do campo de ingerência estatal. Mas Schmitt vai mais longe, a atuação desse tipo de comunidade considerada paraestatal ou a-estatal não está desvinculada do Conceito de Político.

A sociedade tornou-se tão complexa, além das reivindicações sociais que já eram grandes no momento em que Schmitt escrevia seu ensaio, que para ele tudo o que fosse social também deveria ser estatal, e tudo o que fosse estatal também deveria ser social.

Há certamente uma imbricação natural entre o campo estatal e o campo social; afinal, o Estado, além de limitar o poder (século XVIII), controlá-lo e fazê-lo agir politicamente (século XIX), agora era o personagem central que viria atender ou pelo menos tentar atender à esfera social que se espargia com o aumento da industrialização em todo o mundo civilizado (século XX).

Desde a política clássica de Aristóteles, o homem fora concebido como um ser naturalmente sociável, um *zoonpolitikon* que dependia de uma vida social para poder se realizar internamente. A preocupação da Ciência Política era com a virtuosidade dessa convivência. Os conflitos deveriam ser extirpados e a *communio* realizada para que os homens da *polis* (ou da *civitas*) pudessem se inter-relacionar.

Com o Renascimento, o mercantilismo, a emancipação de várias Cidades-Estado, o estudo das relações do homem em sociedade não poderia mais guardar tão somente a problemática da virtuosidade individual que levava à paz social. A Ciência Política moderna inaugurada por Maquiavel (ou Grotius?) previa uma atomização do homem, uma postura egocêntrica

---

[98] SCHMITT, Carl. **O conceito de político** – Teoria do partisan. 1. ed. Belo Horizonte: Del Rey Editora, 2009. p. 21.

que lhe concedia o benefício de se preocupar consigo próprio.[99] A ética social da *polis*, aos poucos, vai se desconstruindo.

Os homens passam a desconfiar um dos outros *impelidos pela ambição incessante de obter estratégias sempre renovadas de ação orientada ao êxito, sabem mutuamente do egocentrismo de suas constelações de interesses, eles se defrontam ininterruptamente numa atitude de desconfiança e receio.*[100]

Tanto para Maquiavel quanto para Hobbes, mais de 100 anos após, o que mais importa é como manter essa motorização egocêntrica do homem relacionada com a imprescindível ordem social da *polis*. Hobbes via o homem como autômato mecanicista, capaz de mover-se por si próprio e zelar, ele só, pelo seu próprio bem-estar. Para isso, o pacto com o soberano é individual. Cada um dos súditos deve realizar com o soberano um pacto ético de convivência, que só pode ser rompido caso haja ameaça à vida do próprio súdito. A insurreição é manifestamente proibida, permitida apenas quando a própria individuação do homem estiver em perigo.

Os quase 250 anos que separam Hobbes de Schmitt não fazem diferença para essa conceituação egocêntrica do homem. Pelo contrário, ela se acirra. Com o processo democrático e o fim da sociedade estamental a luta pelo próprio sustento torna-se *la raison d'être* do homem moderno.

Schmitt já não se preocupa com o estado natural que os filósofos modernos tentavam reproduzir para demonstrar o início do pacto. Nas nuanças de guerra civil pela qual a Alemanha passava, a extirpação, mesmo que ficcional da ordem ou de qualquer ordem, já estava estampada na facticidade. Schmitt não necessitaria recobrar qualquer início de pacto, mas seu problema continuava sendo a guerra de todos contra todos. Contudo, ele resiste a uma completa entrega da individualidade humana ao soberano, mesmo diante da avassaladora onda do Estado técnico-material-democrático que desponta no século XIX.

Na essência, as características puramente estatais-políticas forjadas desde o Absolutismo se tornam mais abrangentes e vão abarcar as esferas de vida do cidadão, ainda que haja resistências e essas resistências tenham sido levadas aos sistemas normativos e perdurem até os dias de hoje.

---

[99] HONNETH, Axel. **Luta por reconhecimento** – A gramática moral dos conflitos sociais. 2. ed. São Paulo: Editora 34, 2009. p. 32.

[100] *Idem*, p. 33. "Se precisar proceder (o príncipe) contra o sangue de alguém, deverá fazê-lo quando houver justificativa conveniente e causa manifesta. Mas, sobretudo, deverá abster-se dos bens alheios, porque os homens esquecem mais rapidamente a morte do pai do que a perda do patrimônio" (MAQUIAVEL, Nicolau. **O príncipe**. 4. ed. São Paulo: Martins Fontes, 2010. p. 83).

3 Carl Schmitt: O Conceito de Político, Valor-Contravalor

Mesmo com a clara manifestação da noção de ordem social, o que se pode perceber com nitidez é o caráter liberal do pensamento schmittiano quando ele se preocupa com essas divisões das esferas de manifestação do homem em sociedade. Como dissemos antes, Schmitt faz uma diferenciação entre Democracia e Parlamentarismo. Este segundo como sinônimo de um liberalismo que ele despreza com todas as suas forças.

Contudo, como homem formado durante o início do século XX ele percebia o agigantamento estatal e o temia. Temia-o? Sim. Temia-o porque fora criado nas esteiras de um Estado forte belicamente, mas não de um Estado que vilipendiasse a esfera privada da vida dos cidadãos. E ele percebia que o Estado Social que se formava era um Estado Total disposto a ter o indivíduo em tutela, e não mais se despregar dele.

Para isso o Estado Social ou o Estado Total (*Fuhrerstaat* de 1933 a 1945) vai exigir do cidadão fidelidade absoluta, compreensão sobre suas intromissões, pois os estamentos sociais hereditários eram findos e os estamentos sociais democráticos construídos; a partir do Estado tecnicista somente o Estado Total poderia ter condições de cuidar do bem-estar dessa nova sociedade tecnológica que se formava.

Contradição do pensamento schmittiano? Pode ser. Schmitt nasceu como um liberal aristocrático, tendo muito clara em sua mente a esfera de poder que o Estado poderia ingerir em sua vida, mas a situação cambiara e o Estado, naquele momento, era um Estado de vasta intromissão na vida dos cidadãos, e era preciso construir uma teoria que o justificasse. Todas as esferas de vida do cidadão foram reduzidas ao Político.[101]

Schmitt vai concordar com Smend que a Alemanha daqueles anos 1930 não era mais a Alemanha liberal-monarquista do século XIX. Ela não pairava acima e concomitante ao Estado. Era preciso que essa sociedade se autointegrasse para formar o Estado. Não poderia se admitir que qualquer manifestação social fosse apolítica. O Estado deveria *eliminar as despolitizações do século XIX e pôr fim, sobretudo, ao axioma da economia livre do Estado (apolítica) e do Estado livre da Economia.*[102]

---

[101] "*In Germany, we experienced a politicization of all economic, cultural, religious and others dimensions of human existence. This would have been inconceivable in the nineteenth century. After years of attempting to reduce the state to economics, it now appears that economics has been entirely politicized*" (SCHMITT, Carl. Strong State and Sound Economy: An Address to Business Leaders. *In*: CRISTI, Renato. **Carl Schmitt and authoritarian liberalism**. 1. ed. Cardiff: University of Wales Press, 1998. p. 216). Este texto foi produzido a partir de uma conferência de Schmitt endereçada a empresários de seu país em 23 de novembro de 1932.
[102] SCHMITT, Carl. **O conceito de político...** cit., p. 26-27.

Dentro do campo da visão política englobante de todos os setores da vida, Schmitt precisa definir uma percepção clara do que seja a categoria do político. Assim como nos demais campos, mas não necessariamente com as mesmas qualificações, Schmitt vai enunciar sua histórica definição de que a categoria do Político reside na antítese entre *amigo* e *inimigo*.

Esses termos não têm qualquer conotação pejorativa. Quando se fala de inimigo não quer dizer que se fala do mau. Quando se fala do amigo isso não quer significar que se fala do bom. É necessário apenas reivindicar para a antítese construída no pensamento de Schmitt que mesmo na necessidade de autointegração social deveria existir uma definição que a sociedade identificasse como própria do processo de integração política, e esta definição era do *amigo-inimigo*.

O inimigo é *precisamente o outro, o desconhecido e, para sua essência, basta que ele seja, em um sentido especialmente intenso, existencialmente algo diferente e desconhecido, de modo que em casos extremos sejam possíveis conflitos com ele, os quais não podem ser decididos nem através de uma normalização geral empreendida antecipadamente, nem através da sentença de um terceiro "não envolvido" e, destarte, "imparcial".*[103]

Nesse momento, cada indivíduo do corpo social "elege" as categorias que podem conviver consigo, os amigos, e os que não podem conviver, os "inimigos". Mas em uma organização que procura ser aglutinadora, como permitir que o caráter simplesmente ôntico dê a última palavra sobre as formas de integração?

O exame da categoria que os homens podem dar a seus amigos e inimigos pode redundar no que o Estado mais teme: a guerra de todos contra todos. Não é este o propósito de Schmitt. Ele precisa estabelecer uma categoria de diferenciação em uma vida individual que quase nada mais tem de individual, quase ela toda é integrada para a tranquilidade do Estado, para o bom andamento econômico, para o bom andamento do estético e para o bom andamento do político. Schmitt precisa estabelecer, sem ter a noção exata do que procura, uma noção de valores democráticos.

Para os filósofos da Teoria dos Valores, tão lidos por Schmitt no início do século XX, os valores são fenômenos que se sentem claramente, não incógnitas obscuras que só recebem seus sentidos em virtude de fenômenos já previamente conhecidos. Os valores são qualidades materiais que têm uma ordenação mútua.[104] Para Schmitt, esta qualificação de ordenação mútua reside na antítese amigo-inimigo. Esta ordenação mútua idealmente conflitiva era fruto do acirramento da era democrática.

---

[103] *Idem*, p. 28.
[104] SCHELER, Max. **Ética**. 1. ed. Madrid: Caparrós Editores, 2001. p. 63-63.

3 Carl Schmitt: O Conceito de Político, Valor-Contravalor

Independentemente de serem qualidades objetivas puras ou membros de estados de valor, a antítese construída por Schmitt edifica uma percepção do valor da democracia em todos os homens que dela fazem parte. Queiram ou não, todos os seres que estão interagindo em sociedade devem guardar um valor em relação ao seu próximo, um fenômeno que se mostra a ele nos primeiros contatos da vida social.

A mensagem cristã do "Amai-vos uns aos outros como Eu vos amei" pode tocar a muitos homens como uma razão de viver dentro da esfera do mundo da vida. Para outros tantos pode não querer dizer nada, absolutamente nada. Tão somente uma retórica cristã para aplacar as naturais inimizades humanas.

Mesmo que essas percepções variem de ser a ser, o valor do político é ínsito à vida democrática moderna. Nas palavras de Scheler: "em muitos casos se manifesta com toda a claridade que os valores são independentes em seu ser dos depositários desses valores. E isso se aplica, da mesma forma, tanto às coisas quanto a situações objetivas".[105]

Alguns podem objetar que Schmitt escreve sobre uma "categoria" de regime político, que a descreve e tenta decifrá-la. Talvez, inconscientemente, o seu intuito fosse esse mesmo, mas ele finda por construir uma teorização de valores que tocam a todos os que vivem sob o pálio da democracia: **a valoração do político**. A amplitude que tomara a vida técnico-democrática nas sociedades ocidentais a partir do final do século XIX.

Analisar a conflitualidade, a deferência, a qualificação, a ordenação de "bem" ou "mal" de que esta nova vida impinge ao homem não deixa de ser uma forma de valorar o "viver". Ainda que variem de depositário a depositário, os seres "valoram" sem ter conhecimento das mesmas coisas correspondentes à exatidão ou ao grau de clareza de sua percepção.[106]

Como Scheler adverte, muitos filósofos positivistas afirmam, erroneamente, que as coisas eram simples ordenações do curso dos fenômenos. E não era apenas isso, pois, agindo assim, colocavam os valores na mesma relação de igualdade dos desejos e dos sentimentos atuais do ser em relação à coisa e seus fenômenos. Para Scheler, os *"valores" são os próprios "fenômenos" de valor, autênticos objetos que distinguem os estados de sentimentos.*[107]

É exatamente dessa falta de percepção que o homem contemporâneo padece. Os valores para a maioria de nós são aferidos de acordo com

---

[105] *Idem*, p. 63.
[106] *Idem*, p. 64.
[107] *Idem*, p. 65.

nossos sentimentos. E, por estarmos tão envolvidos na vida democrática, não percebemos que existe um valor autônomo do Político. Um valor que se manifesta na própria razão do viver em sociedade. É necessária a existência da alteridade e da disputa ou vingança contra esta alteridade para que exista uma razão de vida para o homem.

O fenômeno do Político se manifesta na simples alteridade.

Para Schmitt, a vida passa a ser completamente política. Havia o homem perdido a transcendência e a sua comunicação com o divino ou com o mistério? Na "maquinação" da vida econômica com que se defrontava, Schmitt considerava que sim. O mundo se secularizara e as guerras não eram mais a consequência de crenças religiosas ou razões humanas, as guerras eram o resultado de uma era onde tudo se "economizara".

Apesar de se defrontar com o desencantamento do mundo, Schmitt ainda acreditava no caráter ôntico das diferenciações entre os homens. É natural que se identifique o inimigo como o concorrente econômico, e também é verdade que se identifique o inimigo como o adversário privado. Mas Schmitt insiste, inimigo *é hostis, não inimicus* em sentido amplo; *polemios*, não *echtros*.[108] Neste trecho, Schmitt cita Platão para diferenciar as categorias que quer construir. Entre os helenos, os conflitos com os bárbaros eram *polemios*, sinônimo de guerra, pois helenos e bárbaros eram inimigos naturais. Os desentendimentos no seio da comunidade helênica eram definidos por Platão como *stasis*, ou seja, levante, tumulto, rebelião.

> Para Derrida, seja *hostis (polemios)* ou *stasis*, essas formas são naturais no pensamento de Schmitt, que, por sua vez, se inspira em Platão. Na guerra (*stasis*) há uma desnaturalização, há uma enfermidade que contamina toda a sociedade por meio de um parasita que é estranho ao corpo social. O inimigo externo seria esse corpo estranho? Não somente o externo, o interno também assim deve ser considerado. Não deve haver a diferenciação entre o inimigo externo e o interno, porque a repetição da história alemã não permitiria que houvesse uma delimitação tão rigorosa.[109] A nação havia enfrentado *hostis* e *stasis*, e todos os dois foram vitais para a conformação do pensamento schmittiano. Mas podemos concluir que apesar de a guerra incutir os maiores receios em Schmitt, é no inimigo interno que ele se inspira para criar o Político.

---

[108] SCHMITT, Carl. **O conceito de político...** cit., p. 30.
[109] DERRIDA, Jacques. De la hostilidad absoluta. *In*: **Políticas de amistad seguido del oído de Heidegger**. 1. ed. Madrid: Editorial Trotta, 1998. p. 133.

3 Carl Schmitt: O Conceito de Político, Valor-Contravalor

Para Schmitt, a polêmica entre amigo e inimigo só se pode encontrar em uma situação concreta, ou seja, dentro do corpo social, os adversários políticos devem se enxergar nesta categoria para admoestar os seus inimigos e conquistar o poder. Qualquer definição abstrata de monarquia ou república, democracia ou ditadura é mera abstração, nas afirmações de Schmitt, se nesses contextos não são identificáveis os amigos e os inimigos.

Ele tenta ainda afastar a mais comum das confusões conceituais: a de que o inimigo político é o inimigo partidário. Essa confusão, certamente, é fruto de uma era democrática construtora da política partidária. Não que no Absolutismo, nem na Idade Média não houvesse a reunião de grupos e a identificação de inimigos. Mas como na definição platônica, desprezando os partidos, as guerras entre cristãos e islamitas ou as guerras entre príncipes e reis podiam ser encaradas como *polemios*, e por isso mesmo se encaixam na definição de Schmitt. A divisão político-partidária dentro de uma mesma nação deve ser afastada.[110] A guerra entre amigo e inimigo *decorre da inimizade, pois esta é a negação ôntica de um outro ser.*[111]

Por que essa insistência na definição neutra de amigo-inimigo? Para Schmitt, qualquer organização, associação ou sociedade só consegue sobreviver se houver essa antítese. Com a neutralização desses conceitos a sociedade caminha para formas assépticas de organização. São possíveis essas formas? Logicamente que não. O corpo social, para continuar a existir, deve identificar um inimigo, deve identificar uma contraposição que alimente essa inimizade e o faça "ser" e "poder".

Schmitt compreende que a era das numerosas guerras está ultrapassada, no entanto as guerras atuais tomaram proporções incontroláveis. A guerra torna-se o caso crítico do que seja a relação amigo-inimigo. É no campo de batalha onde se forjam o caráter do soldado e o de sua nação. Contudo, mesmo que não haja guerra é indispensável a existência da esfera da inimizade para que os corpos políticos se formem, para que as nações continuem vivas. É de se notar que não exatamente o ódio, mas o antagonismo entre os homens é que alimenta a existência humana.

O antagonismo entre os homens pode ser de ordem econômica, moral, confessional, e isso pode levar à guerra, mas independente das razões que se reivindicam para criar o inimigo e guerrear, para Schmitt todas as razões

---

[110] Embora esteja claro em todo momento que Schmitt queira fazer essa diferenciação, em verdade ele próprio identificava no seio alemão os inimigos do Estado. Eram os extremos que se apresentavam: de um lado os marxistas e de outro os nacional-socialistas. Descartar a diferenciação político-partidária? Como fazê-lo neste contexto? Há logicamente inimigos políticos partidários que o Estado Alemão precisava combater, e a contextualização e as definições de Schmitt serviam precisamente ao momento que a Alemanha vivia.

[111] SCHMITT, Carl. **O conceito de político**... cit., p. 35.

acabam sendo sempre razões políticas, porque a política tomara conta das relações entre os homens, da relação entre as nações. O caráter "ôntico" da política é a própria existência do homem e de seus agrupamentos.

2 O valor, contravalor

Hartmann afirma em sua obra sobre Ética que as diversidades no campo da moral discrepam de acordo com os modos de ver e as épocas em que os homens vivem. E mesmo dentro desse modo de ver de certas épocas podem se manifestar tendências éticas diferenciáveis entre si nos sistemas e na moral. Hartmann, por isso, afirma que em princípio existe uma diferença entre a moral comunitária (do Estado) e a moral individual.[112]

Schmitt identificava essa diferenciação? Como um liberal conservador acreditamos que sim, mas no momento em que vivia era necessária a aglutinação de uma moral estatal única. A Alemanha imperial não se adaptara ao Parlamentarismo democrático. Reinavam a confusão, a criação de grupos paramilitares, os assassinatos políticos.

Schmitt vislumbrava um estado natural Hobbesiano ficcional que precisava ser findo. Apesar da identificação da antítese amigo-inimigo como constituidora das associações, sociedades e nações, era indispensável que essas organizações buscassem a plenitude de uma forma única de submissão. O Estado, como na era Imperial, deveria pairar sobre todos os partidos, sobre todas as organizações.

Todos aqueles que se virassem contra o Estado estavam tramando contra a própria e indispensável existência da paz numa sociedade conflituosa. Estava Schmitt justificando um Estado nacional-socialista, como muitos afirmam?

Schmitt buscava a paz e a continuidade de uma organização democrática. Talvez, convivendo com as conturbações daqueles tempos, ele não pudesse perceber que a sua teorização poderia levar a interpretações distorcidas. Mas ele era um pensador, e no conturbado da vida precisava impor valores que todos respeitassem, que todos reconhecessem, e, mesmo que discordassem, partiriam de um *a priori* da existência de uma ordem estatal que os impeliria a obedecer.

O Político é para Schmitt, embora não o admita, um valor. A alteridade constitui o Político, sem graus de aferição sobre bom ou mau, justo ou injusto, agradável ou desagradável. É difícil fazer afirmações contundentes

---

[112] HARTMANN, Nicolai. **Ética**. 1. ed. Madrid: Encuentro, 2011. p. 81.

sobre uma conceituação que nunca foi definida nem pelos filósofos da Antiguidade nem pela Filosofia moderna, muito menos pelos filósofos contemporâneos a Schmitt.

O Político é simplesmente a alteridade ou pode ser entendido como um bem a ser seguido, ou é apenas um diagnóstico do quanto se transformou a sociedade democrática contemporânea onde a esfera do Estado não despreza a existência do cidadão e não permite que o cidadão a despreze?

Podem caminhar juntos os conceitos. A alteridade é inerente à vida social. A era democrática é englobante, e mesmo que permeada por regimes de Estado Total chama à participação todos os que se interessam pelos seus destinos. A bem da verdade há uma grande parte da população que menospreza qualquer participação efetivamente político-partidária. Mas não é disso que Schmitt quer falar.

Ele quer preconizar que, na era democrática, mesmo os valores morais, estéticos, confessionais se tornaram valores políticos. O Político é uma tomada de posição; é um sim ou não; é uma aprovação ou desaprovação. O corpo social só se alimenta dessas antíteses.

Para compormos o Político pouco importa que exista ou não participação político-partidária, o que importa é a constatação de que todos os cidadãos estão à mercê do Estado e com isso devem conviver.

Mesmo o eremita que queira se isolar e desprezar a existência do Estado vai, um dia e em determinado local onde se encontra, se deparar com outro homem, com a necessidade do progresso da construção de linhas férreas, rodoviárias, elétricas, e vai ter que se relacionar com o Estado de uma forma ou de outra. No mundo moderno não há como fugir ao controle estatal. Esse controle é total.

São essas constatações que Schmitt faz a partir da era democrática das sociedades.

Isso implica na conceituação do Político como um valor? Entendemos que do ponto de vista de Carl Schmitt a visão englobante da era democrática impõe-nos a todos a objetivação de comportamento com relação ao Estado. Mesmo que tenhamos esferas de intimidades, muitas delas formalmente garantidas em nossos sistemas normativos, o que se pode constatar é que com a evolução do positivismo cientificista não há modo de viver que não passe pela convivência com o outro, seja ele um simples homem ou o próprio Estado.[113]

---

[113] "Uma guerra não precisa ser nem algo religioso, nem algo moralmente bom, nem algo rentável; hoje, provavelmente, nada disso é. Esse conhecimento simples é geralmente confundido pelo fato de que contraposições religiosas, morais, entre outras, aprimoram-se como contraposições políticas, podendo provocar o argumento decisivo de combate segundo o

O Político está justamente na necessidade de unidade dentro da diversidade de comportamentos privados. Não há modo de viver, não há modo de pensar que despreze a existência do Estado.

É verdade que o termo Estado pode ter tido diferentes significados na história da humanidade. Ele pode ter pressuposto apenas e tão somente a *polis* grega, a Roma Imperial, as cidades fortificadas do Medievo ou mesmo a própria Roma cristã. De uma forma ou de outra todas essas organizações deram ao homem alguma forma de proteção e contenção dos conflitos, que só poderiam ser desprezados por aqueles que estivessem fora de sua esfera de influência e se arriscassem a viver isoladamente, como estrangeiros ou homens jogados ao destino de outros tantos homens inimigos, ou apenas bandoleiros vorazes por dinheiro, bens ou comida.

Mas nada da esfera de influência desses bastiões do passado pode-se comparar com a voracidade da vida democrática do homem contemporâneo. A técnica, o progresso, o cientificismo desenfreado levaram a todos os cidadãos a presença do Estado. Estado e cidadão tornam-se umbilicalmente unos. A unidade da diversidade.

Não é apenas a metafísica do costume que nos leva a essa conclusão, e sim a fenomenologia desses próprios costumes. O que seria então a essência do Político? A essência do político repousa na busca da paz com o "outro". Mesmo que se admita que entre esses mesmos homens existam graus de descontentamento uns contra os outros, valorizações diversas, na essência não se pode prescindir do Estado. Ele passa a ser a metafísica da existência do homem moderno. O homem moderno é Político, e o Político é a tutela do homem moderno.

Pode-se separar uma ética do indivíduo de uma ética do corpo social? Na Antiguidade tardia e no Medievo a ética era a cristã. Todos se guiavam pela herança do Judaísmo e pelas lições do Cristo Salvador e de seus Apóstolos, concretizadas nas lições do Livro Sagrado e nas doutrinações da incipiente Igreja Católica, que iniciava sua burocratização. Ultrapassada essa era, o racionalismo seguido da era democrática, sob o pretexto da mudança de postura e conduta eles preconizam a liberdade, mas chamam para si toda e qualquer atitude do indivíduo a ser enquadrada na perspectiva da racionalidade e da criação de uma completude democrática.

Não é mais possível a vida fora do Estado democrático ou desprezando as conquistas da racionalidade.

---

tipo amigo-inimigo. Mas se ocorrer esse agrupamento de combate, a contraposição normativa passa a ser não mais puramente religiosa, moral ou econômica, e sim política" (SCHMITT, Carl. **O conceito de político...** cit., p. 38).

Todos devem ser democráticos e cultuar a democracia. Com o passar dos anos, democracia e liberalismo, que navegavam juntos, tomam caminhos e significados diferentes. O liberalismo arrefece e a democracia formal se agudiza.

Essa democracia formal é a constituidora da liberdade do indivíduo? Não. Ela é a completa submissão do indivíduo. É a redução do indivíduo ao seu sistema normativo.

Nos séculos XX e XXI isso vai se tornar tão voraz que a quantidade de burocratizações, constituições, leis, decretos, regulamentos torna a vida do indivíduo um caos. Mesmo os mais preparados e mais cônscios da atividade estatal como reguladora da vida moderna, talvez os profissionais das Ciências Humanas Aplicadas, encontram dificuldades em conviver com a hegemonia do Estado democrático total. Não há como se submeter a uma infinidade de pequenas normas regulamentares de cunho científico ou mesmo comportamental que impõem aos mais capacitados a leitura e o acompanhamento de milhares de atos emanados do Estado Total democrático.

Desprezando, pois, a grande maioria popular que não tem a mínima capacidade para entender o que se passa em nível de regulação de sua vida, simplesmente eles a desprezam e só caem sob suas teias quando se deparam com a lesão, especialmente contra o próprio Estado, que impõe a todos o dever do sistema normativo complexo, intrincado e valorizado, sobretudo, no aspecto arrecadatório-tributário.

A liberdade, o fomento à concordância, o amor ao próximo são ilusões impostas pelo Estado Total democrático sob a premissa do fim dos conflitos. Na teorização de Carl Schmitt o homem somente consegue sobreviver quando intui no outro o seu inimigo, o seu adversário, independente da qualificação moral que se dê a ele. É preciso que o homem tenha oposição para que nasça o "campo do Político".

Na sua análise da Superlegalidade Pré-Fascista, escrita em 1977, ele afirma que "o progresso rumo à unidade política universal não pode prescindir das grandes possibilidades da legislação estatal".[114] Para Schmitt, o Estado Fascista, mesmo que sob o olhar de muitos negasse a "regra democrática", foi o grande propulsor do progresso técnico, do qual a democracia pós-guerra se apropriaria com tanta facilidade e menoscabo a qualquer utilização de sua normatização, do mesmo modo que o fascismo o havia feito.

---

[114] SCHMITT, Carl. A Revolução Legal Mundial: Superlegalidade e Política. *In*: **Revista Lua Nova**. São Paulo, nº 42, p. 107, 1997.

Para todos os filósofos da Teoria dos Valores o supremo valor é a liberdade em relação a valores, a sua subjetivação. Mas o que a técnica traz a essa teoria? A sua completa neutralização. Uma Teoria dos Valores neutra, pura e isenta de valores. Como conviver com uma ciência e seu progresso sem formas valorativas elementares.

É isso que Schmitt denuncia. O progresso técnico prescinde dessas valorações. Ele vai construir a sua própria valoração: a neutralidade com relação a qualquer sistema normativo ou comportamental. A era industrial trouxe às sociedades apenas a noção de progresso desenfreado, considerando qualquer medida que queira mensurar seus efeitos como subsidiária, no termo alemão *Nebenwirkugen*, como sinônimo de efeitos colaterais. No seu textual:

> Quando se julgam os produtos industriais dessa síndrome como critérios totalmente distintos de bom ou mau, desejável ou indesejável e quando, então, as consequências más ou indesejáveis não passam de "efeitos colaterais", incorre-se numa subrepção cientificamente inadmissível.[115]

Na era democrática total o conceito de político de Schmitt é a mera constatação do momento que o homem contemporâneo vive. Qualquer alegação de motivos religiosos, econômicos ou culturais fica à mercê da conceituação do Político, da existência de uma superlegalidade que a todos se impõe. Mesmo nos casos críticos o agrupamento humano se torna agrupamento normativo, e qualquer conflito ou exceção terá de ser resolvido pela estatalidade, pelo conceito de Político.

Essas esferas de vida podem se sobrepor uma à outra. A Econômica domina a vida atual desde o século XVIII e se acirra com o progresso desenfreado da técnica no século XX. Se uma delas se sobrepõe à outra, ela é a verdadeira constituidora do Político. Seria a negação da alteridade? Afastar o outro e fazer predominar apenas a si próprio é possível? Faz parte da conjectura de uma sociedade estável?

O Político vai se orientar segundo as suas valorizações. A mirar a Teoria dos Valores, a predominância de uma sobre as demais é justamente a negação de uma teoria de valores. O Político predominado por uma dessas esferas pode se tornar, na visão dos filósofos dos valores, um contravalor.

---

[115] *Idem*, p. 104.

3 A extinção da vontade política?

O caminhar para uma era de neutralizações passa por uma hegemonia do caráter econômico de se ver e sobreviver no mundo contemporâneo. Esta economicidade da vida traz consigo efeitos que não eram previstos pelos primeiros industriais liberais e seus representantes que arranharam os sistemas normativos com suas boas ou más intenções.

A industrialização que tomou conta do mundo ocidental, especialmente a partir da segunda metade do século XIX, trará para os centros urbanos uma massa de trabalhadores descomunal. Acabara a servidão com as revoluções do final do século XVIII e início do século XIX, e esses antigos servos desejavam emancipação.

O que encontraram foram condições degradantes de trabalho e vida. Com o desenvolvimento industrial e societário a economicidade-normativa toma consciência de que o refreamento das reivindicações dos miseráveis ex-servos só poderia ser contemplado com avanços no campo social. A Revolução Bolchevique de 1917 serve como catálise para a tomada de posição de muitos agentes políticos que ainda entendiam como evitável a criação de um estado-providência, a democracia deveria deixar de ser liberal e passar a ser social.

Nascem no final do século XIX e início do século XX muitos partidos socialistas, alguns radicais e outros moderados.

Para conservadores como Schmitt e muitos de seus seguidores, como Ernst Forsthoff, os sistemas normativos, sobretudo a Constituição, não poderiam se constituir em um supermercado onde cada interessado pudesse reivindicar interesses privados.

Mas a força das políticas sociais era tão avassaladora que todas as constituições ocidentais receberam a influência das reivindicações sociais. A formação de trabalhadores e agrupamentos sindicais fazia a diferença na construção de uma base representativa em todos os Parlamentos. Para Forsthoff, o Estado Social moderno devia necessariamente se dedicar aos serviços de interesse geral e à redistribuição. Em consequência, "*o homem moderno não vive somente* **no** *Estado, mas também* **do** *Estado*".[116]

Como o homem passa a viver do Estado ele se submete completamente às suas instruções e às agruras de conseguir o que o Estado lhe promete. Para Forsthoff, deveria existir uma separação entre as **prestações de**

---

[116] *Apud* MÜLLER, Jan-Werner. **Carl Schmitt** – Un esprit dangereux. 1. éd. Paris: Armand Colin, 2007. p. 112.

Carl Schmitt - Valores, Técnica, Economicidade e Guardião da Constituição

serviço do Estado que deveriam ter cotizações obrigatórias e o **exercício do poder por parte do Estado**, como ente regulador. Contudo, no Estado Social essas funções se mesclam, e a dominação é total.

Schmitt constantemente afirma que o Estado parlamentar como fora concebido em sua origem não existe mais. O Parlamentarismo como sinônimo de um local para deliberação racional está ultrapassado. O Parlamento está composto de pequenas comissões e interesses individuais que fazem com que seus interesses sejam inseridos nas normas, independente de discussões.[117]

Se o Parlamento está submetido a interesses particulares, não é menos verdade que o presidencialismo padece dos mesmos males. A burocratização do aparato estatal também enfraquece o escopo do Parlamento e do presidente em formar um conjunto racional de decisões. Para Schmitt e Forsthoff, é necessário um retorno à totalidade estatal, no senso puramente político, para que as decisões voltem a ter uma carga de representatividade. Schmitt sempre retoma os versos de Vergilius Maro, poeta romano, com a citação de uma linha de seu poema *"Magnus ab integro sæclorum nascitur ordo"*, ou simplesmente *ab integro nascitur ordo*, para representar que da totalidade nasce uma nova ordem.

A necessidade do nascimento dessa nova ordem advém da indeterminação jurídica pela completa inexistência da separação de poderes e da rendição desses poderes aos interesses particulares.

É necessário restaurar uma forma integral do Político ou, de outra forma, de um Estado forte, digno, representado por um presidente e por servidores profissionais que vão se estabelecer sobre uma sociedade homogênea.[118]

Não se deve confundir o Estado forte com o Estado Total fascista ou da era moderna. A preconização dos pensadores é no sentido de o Estado retomar suas funções primevas, a despeito do triunfo da economicidade e do individualismo.

Dentro dos círculos acadêmicos pós-Segunda Guerra despontam valores de todos os matizes. Um dos que enfrentam as teses de Schmitt e Forsthoff é Wolfgang Abendroth. Um professor abertamente socialista,

---

[117] "[...] *that parliamentarism thus abandons its intellectual foundation and that the whole system of freedom of speech, assembly, and the press, of public meetings, parliamentary immunities and privileges, is losing its rationale. Small and exclusive committees of parties or of party coalitions make their decisions behind closed doors, and what representatives of the big capitalist interest groups agree to in the smallest committee is more important for the fate of millions of people, perhaps, than any political decision*" (SCHMITT, Carl. **The crisis of parliamentary democracy**. 1. ed. Cambridge: Massachusetts Institute of Technology Press, 1988. p. 50).

[118] MÜLLER, Jan-Werner. **Carl Schmitt** – Un esprit dangereux, p. 113.

mas que se opusera ao Stanilismo e se fixara na Alemanha ocidental. Em 1950, Abendroth torna-se professor de Ciência Política em Marburgo.

Abendroth viria a ser professor de um jovem filósofo alemão, Jurgen Habermas, tendo dirigido seu segundo Doutorado. Habermas, em seus escritos iniciais, se apoia abertamente em várias teses de Schmitt, Forsthoff e Weber. Em um de seus trabalhos ele se apropria de afirmações de Schmitt sobre o declínio do papel do Parlamento e da esfera pública e diagnostica, tal qual Forsthoff, que se amplifica a linha de demarcação entre o Estado e a sociedade, a fim de promover sua tese sobre o declínio da sociedade burguesa.[119]

Como Schmitt, Habermas separa o liberalismo do século XIX em duas fases. A primeira, das verdadeiras e honestas discussões quando o Parlamento se afirma como contenção do poder real (ou executivo), e a segunda, quando o Parlamento se torna um agrupamento de interesses particulares que se reúnem secretamente nas antecâmaras para deliberar sobre interesses privados de seus componentes.

A conjunção de uma economia de mercado monopolizadora e a manipulação midiática acabaram por contribuir marcadamente para a ausência de discussões de políticas públicas de forma racional e transparente.[120]

No campo dos pensadores sociais vão ainda perdurar algumas teses de Rudolf Smend, que preconiza a amenização do positivismo jurídico como fora albergado pela Escola de Viena. Smend estava junto com Schmitt na fase pós-Primeira Guerra, combatendo as teses de Kelsen, pois Smend, sobretudo, preconizava que o positivismo jurídico fora a peça fundamental para o regime nacional-socialista levar a cabo o regime de Weimar.[121]

Smend terá no pós-Segunda Guerra vários seguidores, opositores do positivismo kelseniano, que tinham formações antiliberais, antipluralistas e abraçavam suas teorias de integração social do povo alemão. Do outro lado estarão os conservadores de Weimar e muitos ex-nacional-socialistas que adotarão um posicionamento mais liberal, requerendo uma nítida separação entre Estado e sociedade e descrevendo que o Estado Social que se construía acabaria por sobrepor-se a qualquer forma de organização social que se desenvolvesse fora dele.

Para esses conservadores Smend desejava uma nova forma de refeudalização social, promovendo-se a fragmentação e a desformalização do

---

[119] MÜLLER, Jan-Werner. **Carl Schmitt** – Un esprit dangereux, p. 114.

[120] *Idem, ibidem.*

[121] STANLEY, Paulson. The Theory of Public Law in Germany – 1914-1945. *In*: **Oxford Journal of Legal Studies**, v. 25, nº 3, p. 541, 2005.

Direito. Era por esta via que o ideário do Estado Total poderia se amenizar, e a formação de pequenos braços fortes com suas próprias construções jurídicas poderia ajudar a edificar sociedades menores e mais justas.

Para Schmitt, essa era estava ultrapassada. O Estado técnico que se apresentava não permitira um retrocesso a qualquer uma das menores organizações sociais. Apesar de ter diagnosticado o caminho sem volta, ele também se ressentia das perfeições do Estado técnico que, a despeito do fim do nacional-socialismo, somente aumentavam sua atuação como condutor social.

Para os seguidores liberais de Schmitt o antagonismo continuava. Muitos deles, que se autodenominavam liberais políticos, reivindicavam uma clara diferenciação entre a atuação estatal e as manifestações confessionais e sociais.

Outros liberais, tidos como conservadores, acreditavam que apenas com o normativismo do Estado poderia prevalecer o estado de ordem indispensável ao bem-estar econômico e social. Este pensamento era vertido para a construção de um Estado forte que estava na própria essência do liberalismo em negá-lo.

O primeiro grupo de liberais acreditava que com a potencialização da Europa industrial a força de sua economia permitira que houvesse um espectro de ação autônomo e autorregulador, independente do normativismo enclausurante do Estado contemporâneo.

Se o conceito de estabilidade deriva da esfera da tecnologia, por que não confiar na tecnologia e na economia moderna para fornecer uma forma de estabilidade confiável? Segundo a fórmula de Forsthoff, "o núcleo duro do corpo social não é mais o Estado, mas a sociedade industrial, e este núcleo duro se caracteriza pelas noções de pleno emprego e crescimento do PIB".[122]

O Estado deveria retirar dessa nova concepção uma abordagem periférica em relação à portentosa sociedade industrial que se formava. E, a partir dessa posição de ator coadjuvante, ele deveria tributar e redistribuir o produto dessa arrecadação com a população que não tivesse acesso às benesses do crescimento e da formação da sociedade industrial.

O cidadão toma consciência de que os serviços a serem prestados pelo Estado têm origem no próprio esforço dele, cidadão, na geração de tributos que são dirigidos para o seu bem-estar e de outros que não têm condições de ser geradores de tributos. As consequências dessa

---

[122] MÜLLER, Jan-Werner. **Carl Schmitt** – Un esprit dangereux, p. 116.

consciência são simultaneamente positivas e negativas. Se o Estado perde potência política, de outra forma ele demonstra para essa população que deseja emancipação, que a ação estatal de redistribuição é imprescindível na condução do Estado de bem-estar e na segurança dessa nova sociedade.

Forsthoff declara que a realização técnica, a saber, o desenvolvimento acelerado da era tecnológica, não está mais sob o controle do Estado,[123] está sob a tutela dessa nova sociedade industrial que se forma.

O próprio seguidor de Schmitt coloca a questão: se podíamos contar com alguma esfera de transparência por parte do Estado, nós não a alcançaremos na sociedade industrial.

Ela é, por essência, hermética, constituidora de uma autorregulação em que os cidadãos não podem se imiscuir. Como tratar essa falta de transparência e o desejo de autorregulação de uma sociedade que prescinde de muitos dos benefícios que o Estado pode lhe trazer. Ela própria produz o seu bem-estar. O que resta ao Estado é redistribuir parte da riqueza gerada por ela.[124]

Apesar de se lamentar sobre o fim da forma estatal, os teóricos diagnosticam que a forma do "Estado" sofreu uma transformação estrutural. Mas como afirma Jan-Werner Müller, ao constatar essa transformação estrutural do Estado eles preconizam que a ausência dessa esfera estatal é a ausência de uma forma democrática de organização.

Mas, efetivamente, podemos constatar um completo descolamento da sociedade industrial contemporânea da tutela estatal? O que os novos teóricos conservadores podem não ter notado é que a tecnologia que avançava era "apossada" da mesma forma pela estrutura estatal. O Estado se desenvolveu, talvez em graus diferentes, como puro Estado tecnológico, da mesma forma que a sociedade industrial se desenvolvia.

E mesmo que essa nova estruturação societária dispensasse a maior parte da atuação estatal ainda há na sociedade a necessidade da segurança, sobretudo. Esta somente pode ser fornecida pelo Estado. O princípio da negação da justiça privada continua muito forte em todas as estruturas normativas do mundo.

---

[123] *Apud* MÜLLER, Jan-Werner. **Carl Schmitt** – Un esprit dangereux, p. 116.

[124] Um sociólogo conservador, Helmut Schelsky, "*teoriza o que chama de 'Estado técnico', no seio do qual a democracia se torna uma concha vazia, visto que a autoridade de sua função vai terminar sendo substituída pela autoridade de decisões majoritárias. Segundo Schelsky, a tecnologia moderna não tem necessidade de legitimidade; governa-se com ela, porque ela funciona de forma 'ótima' e por muito tempo ela assim já funciona*" (*Apud* MÜLLER, Jan-Werner. **Carl Schmitt** – Un esprit dangereux, p. 116).

Além disso, há um contingente social que se agiganta e que não consegue ser inserido na esfera de bem-estar da sociedade puramente industrial. Para esses numerosos cidadãos não participantes não há outra saída que a reivindicação social.

O desenvolvimento social pode ter conferido a alguns teóricos a impressão de um descolamento em relação à esfera estatal, mas a existência de excluídos, de crises econômicas geradas pela própria atividade industrial que põem mais excluídos à parte das benesses da nova era industrial, traz de volta a atuação estatal com maior força e vigor do que fora anteriormente.

O avanço tecnológico tornou o homem, de certa forma, preguiçoso, objetivista, empirista, preconizador das saídas mais cômodas. É este novo homem tecnológico que exige do Estado sua ação para que ele continue a ter uma vida cômoda. A esfera estatal não deixa de existir enquanto existir a necessidade da redistribuição.

4 É possível uma vontade política planificada, uma ordem superlegal?

Como no caso de Forsthoff, Schmitt continuava angariando vários admiradores. Um de seus seguidores, Joseph H. Kaiser, estudara nos Estados Unidos os grupos de pressão que atuavam no Congresso norte-americano. Kaiser vai elaborar uma teoria da representação dos interesses organizados.

Forsthoff e outros seguidores de Schmitt se opõem às suas teorizações, pois acreditavam que interesses puramente privados seriam incapazes de fornecer uma representação estritamente política.

Os pensamentos de Forsthoff e Joseph Kaiser se aproximam quando ambos afirmam que a representação da unidade política não pode ser fundamentalmente realizada, a não ser no interior da substância da nação e de suas instituições.[125]

Mas Kaiser traz para a discussão o pluralismo de interesses. Estaria a unidade política estatal preparada para representar tantos interesses diversos, convergentes e divergentes?

Como convergir tantos interesses diversos? Kaiser parte para a análise filosófica do controle de todos esses interesses, pois para ele a planificação é sistematização, racionalidade e ciência. Não pode haver uma cambiante situação de valores.

---

[125] *Apud* MÜLLER, Jan-Werner. **Carl Schmitt** – Un esprit dangereux, p. 118.

3 Carl Schmitt: O Conceito de Político, Valor-Contravalor

A planificação não pode significar a imposição de quaisquer valores aos indivíduos. Deve-se partir de um *nomos* existente que será o objeto da planificação. Para ele este *nomos* se objetiva em três elementos: democracia, crescimento e economia, que, inclusive, já estavam presentes na sociedade desde a Grécia Antiga.

O mundo planificado pela era industrial é o mundo que se desestatiza. Mesmo assim, como seguidor das teorias de Schmitt, Kaiser reconhece a necessidade de essa mesma sociedade industrial procurar constantemente a conquista de novos espaços para seu perpétuo crescimento (*Großraum*).

Partindo da ideia de crescimento vertiginoso de todas as nações industriais, é preciso pensar em um plano de contingência para ordenar esse crescimento. No pós-Segunda Guerra, Kaiser pensava que o *nomos* funcional centrado no crescimento econômico impunha a conquista de novos espaços.[126] Esses novos espaços impunham a constituição de uma ou mais organizações supranacionais que pudessem ordenar a forma de crescimento social.

Suas premissas viriam a se confirmar com o passar dos anos com a constituição de algumas comunidades europeias incipientes e, posteriormente, com a unificação econômica europeia no final da década de 1990 no século passado.

Enquanto Kaiser era um entusiasta da planificação europeia que visava à ordenação do crescimento e ao atendimento pelo Estado Social dos que tivessem carências elementares, Schmitt, em 1970, afirmava que não havia nada de mais agressivo do que o progresso industrial constantemente propulsionado pela ciência. É a agressividade em sua maior escala.

Se a planificação era uma forma de estabilidade política, Schmitt endossava o pensamento de Kaiser. Se significasse tão somente a mesma estabilidade para dar vazão ao progresso desmesurado da era industrial, a planificação significava a abstração da ação humana sobre o seu próprio destino.

Parece-nos que a planificação desejada por Kaiser era a estabilidade para o *continuum* da fartura econômica sob o pálio de uma ordem estável. Para Schmitt, a planificação somente poderia significar a estabilidade política das relações entre as nações.

Kaiser agrega o dado de que a planificação poderia ser uma forma de conter o progresso econômico desmesurado e, assim, uma maneira de albergar

---

[126] *Apud* MÜLLER, Jan-Werner. **Carl Schmitt** – Un esprit dangereux, p. 119. KAISER, Joseph H. **Recht und Politik der Planung in Wirtschaft und Gesellschaft**. Baden-Baden: Nomos, 1965.

o conservadorismo desejado por Schmitt. A planificação poderia servir ao homem se este pudesse intervir nos rumos que ela tomaria para incentivar e conter o progresso econômico.

Essa planificação desejada por Kaiser e analisada por Schmitt significaria uma superlegalidade mundial? Um aglomerado de nações agindo em conjunto para a formação de um grande mercado consumidor. Não seria simplesmente a rendição completa ao progresso econômico a formação de tal organização mundial?

Para que ocorresse essa arregimentação mundial o mundo deveria passar por uma revolução legal. Todos os Estados-Nação deveriam unir vontades políticas rumo a uma unidade mundial. Para Schmitt, se houvesse esse intuito a vontade de uma estrutura superlegal europeia estaria ameaçada.[127]

Além disso, era indispensável para a unidade política mundial que houvesse um patriotismo da espécie humana, como ressaltaram Hauriou e Perroux. Schmitt enxerga nesse patriotismo do gênero humano o universalismo da filosofia de Augusto Comte, ou seja, mais do que puro idealismo.

A Declaração dos Direitos do Homem e do Cidadão, de 24 de junho de 1793, inscreveu para a história normativa de todos os povos ocidentais uma afirmação emblemática: *"Uma geração não pode submeter gerações futuras às suas leis"*.

Arguiu Schmitt, o que fizeram os franceses senão impor uma teoria jurídica com sua noção sobre *pouvoir constituant* como precondição para todo o sistema póstero, ou seja, os *pouvoirs constitués*.

Se não foi o desejo dos revolucionários impor as suas normatividades para gerações futuras, eles acabaram por impor um ideário incontestável que não permite que qualquer nação se organize ou se una a outras que não seja da forma de um poder constituinte local ou mundial. É isto possível?

Schmitt responde: *"Na prática, porém, é quase impossível imaginar-se a transmissão do poder constituinte da nação à humanidade. [...] A humanidade como tal e como conjunto não tem inimigos neste planeta. Cada homem pertence à humanidade".*[128]

---

[127] "As forças e os poderes da política mundial que lutam pela unidade política do mundo são mais fortes do que o interesse europeu pela unificação política da Europa. Até mesmo alguns 'bons europeus' esperam a unificação política da Europa só como produto secundário (para não dizer produto residual) de uma unidade política global em nosso planeta" (SCHMITT, Carl. A Revolução Legal Mundial: Superlegalidade e Política. *In*: **Revista Lua Nova**, p. 113).

[128] A Revolução Legal Mundial: Superlegalidade e Política. *In*: Revista Lua Nova, p. 115-116.

É o retorno à sua antítese binária amigo-inimigo. Não há qualquer planificação, boa vontade, organização supranacional que imponha à humanidade a concertação de uma ordem mundial. Porque o homem só se une quando enxerga na alteridade o adversário. Se são todos pertencentes ao mesmo gênero, mesmo que idealmente, não há inimigos.

Os homens só se alimentam de suas diferenças e de suas cobiças sobre o próximo e seus bens.

Schmitt, magistralmente, encerra seu artigo citando um conto do século XIX: *"A um soberano moribundo em seu leito seu pai espiritual pergunta: 'Você perdoa os seus inimigos?' E o soberano responde, com a melhor consciência do mundo: 'Não tenho inimigos; matei-os todos"*.[129]

---

[129] A Revolução Legal Mundial: Superlegalidade e Política. *In*: **Revista Lua Nova**, p. 116-117.

4 A Era das Neutralizações e a Economicidade

1. Neutralizações e despolitizações. 2. O Estado econômico e o controle social. 3. A economicidade e uma possível ética de valores.

1 Neutralizações e despolitizações

Encerramos o último capítulo mostrando parte da divergência entre o pensamento Schmittiano e o de um de seus discípulos, Joseph Kaiser. Kaiser preconizava uma planificação no cenário mundial no intuito de construir uma "concertação" de Estados para que este novo *nomos* pudesse empreender uma forma de conter o progresso econômico desmesurado e, assim, uma maneira de albergar o conservadorismo que desejava Schmitt.

Para Schmitt, o progresso pelo progresso retiraria o caráter essencialmente humano que o homem contemporâneo precisava retomar, e este caráter humano, ainda que planificado, só poderia ocorrer com o arrefecimento da era industrial-tecnológica. Schmitt não acreditava em uma supralegalidade estatal onde houvesse convergência de valores e interesses. O homem continua se alimentando da adversidade. O progresso econômico, queiramos ou não, é uma mola desprendida, pois alguns homens querem fazer um trabalho melhor do que outros. E é esta alteridade-adversidade que alimenta o homem e o Estado.

No seu capítulo sobre a era das neutralizações, Schmitt analisa os estágios humanos, desde o século XVI, quando a humanidade passa do predomínio do teológico para o metafísico, deste para o humanitário-moral e, finalmente, do humanitário-moral para o econômico. Ele analisa estritamente a civilização ocidental, e não quer dizer que todos esses estágios se deram de maneira uniforme nos diversos países europeus e americanos, nem mesmo que as elites de um mesmo país agiram sempre de modo concatenado.

Para Schmitt, até mesmo em uma ordem estatal consolidada, como a Alemanha, poderia haver diferenciações de aceitação do progresso desses estágios. O teológico não findara completamente para todos os ocidentais, ele simplesmente deixara de ser central na consciência das elites e dos povos dessas nações; no entanto, traços do teológico e de outros Estados centrais ainda permanecem sobre o homem contemporâneo, e sua mensagem histórica não pode ser desprezada.[130]

A problematização é a predominância, e o caminhar uníssono de toda a civilização ocidental para um modelo puramente econômico que desumaniza o homem, que lhe retira a maior parte de seus traços sagrados, torna-o um homem sem alma, sem completude.

A transição do humanitarismo-moral do século XVIII para o economicismo do século XIX passa pela percepção de um estado estritamente estético, segundo Schmitt, e a partir desse enfoque estético caminha-se para a era consumista. Este consumismo, calcado no estético e, posteriormente, na tecnologização da vida, tão característica da revolução tecnológica iniciada, sobretudo com a era nuclear, pós-Segunda Guerra, e agudizada com a informatização total dos homens e dos mercados a partir do final do século XX, é que garante uma *economização geral da vida espiritual e um estado de espírito que encontra na produção e no consumo as categorias centrais da existência humana*.[131]

O aspecto econômico é caracterizado pelo fator técnico, que é apenas um acessório no seu desenvolvimento, mas um acessório com características de principal, pois não poderia seguir-se o desenvolvimento

---

[130] "Formaram-se nos povos modernos, em particular nas cidades, condições sociais e políticas que eram análogas àquelas das cidades-estados antigas; isso teve por consequência um sentimento vital pessoal, humores, interesses e representações que tornaram possível, por meio de seu parentesco com aqueles dos povos antigos, uma nova compreensão do mundo antigo. Pelo homem que deve renovar em si o passado, precisa ser preparado para tanto por uma afinidade seletiva interior. (...) A religião cristã, tal como Lutero e Zwingili a estabeleceram na experiência interior, a arte, tal como Leonardo a ensinou, abarcando a profundidade misteriosa da realidade efetiva, a ciência, tal como Galileu a remeteu à análise da experiência, constituem a consciência moderna na liberdade de suas manifestações vitais" (DILTHEY, Wilhelm. **Introdução às ciências humanas**. 1. ed. Rio de Janeiro: Forense Universitária, 2010. p. 406).
[131] SCHMITT, Carl. **O conceito de político** – Teoria do partisan. 1. ed. Belo Horizonte: Del Rey Editora, 2009. p. 91. Nesse ponto, Schmitt não se refere expressamente à era nuclear, muito menos à era computacional, fim do século XX, pois seu ensaio é escrito em 1932. Contudo, em ensaios posteriores ele se referirá claramente à era nuclear e a seus perigos.

econômico sem as indispensáveis contribuições da técnica em cada ramo específico da atividade econômica.

Como modelo característico desse enfoque estritamente econômico da vida, Schmitt cita o marxismo como base e fundamento de todo o sustentáculo intelectual do materialismo da sociedade contemporânea.

É justamente de um Estado Total que planificara toda a vida econômica de seus cidadãos onde se pode perceber a completa economização da vida. Parece irônica esta posição schmittiana sobre a velha Rússia, posteriormente União das Repúblicas Socialistas Soviéticas, como modelo de sociedade estritamente econômico.

Compreensível, talvez, pois o epicentro intelectual marxista é a dessacralização completa da vida humana. Igrejas se tornam depósitos de materiais, açougues, mercados etc. Qualquer manifestação teológico-religiosa é repreendida com vigor.

O homem moderno como produto simultâneo de uma conotação religiosa anímica e da sua percepção individual de força interior é o componente para a formação de um novo homem que compreende sua historiografia vinculada sempre às suas centralidades anteriores. A tentativa de redução imperiosa da manifestação espiritual não poderia ser mais maléfica ao homem do que foi e é a experiência marxista.[132]

Em 1932, e ainda hoje, analisando o modelo marxista, podemos perceber o acerto schmittiano de que aquela era uma sociedade que aderira de corpo e alma à economização da vida. O que ele não poderia prever era que o sistema estava fadado ao insucesso, pois a planificação econômica retirava do *homus sovieticus* o que o *homus aeconomicus* mais necessita: a valorização do trabalho.

Embora o trabalho físico fosse denegrido desde as mais priscas eras, sendo taxado por muitos filósofos como uma atividade "baixa", ou uma "maldição", por alguns filósofos cristãos, a era moderna trará a valorização do trabalho como essência para o desenvolvimento de uma economia pujante.

---

[132] Dilthey, escrevendo no contexto da análise da passagem do religioso para o humanitarismo moderno, disserta: "A formação espiritual desses povos baseia-se na certeza de si da experiência religiosa, da autonomia da ciência, da libertação da fantasia na arte, em oposição à vinculação religiosa anterior. Uma tal constituição nova do contexto interno da cultura é um estágio mais elevado no desenvolvimento da nova geração dos povos europeus, uma vez que essas nações tinham começado naturalmente em meio à vinculação das forças anímicas. No entanto, ela é ao mesmo tempo uma reprodução do que foi atingido por meio do trabalho dos gregos e conquistado no cristianismo, e, por isso, humanismo e reforma são componentes excepcionais do processo no qual surgiu a nossa consciência moderna" (DILTHEY, Wilhelm. **Introdução às ciências humanas**, p. 404-405).

Na linguagem comum marxista, um termo que se consolidou entre estudiosos e militantes políticos foi a noção de *Alienação*, noção esta bastante baseada na herança hegeliana de onde Marx bebe suas fontes. Alienação, na tradição hegeliana, se refere ao nosso próprio produto ou atividade como algo independente e hostil. O trabalho se torna alienado (1) quando seu produto parece ter um poder independente e hostil que se levanta contra o próprio trabalhador, e (2) o trabalho, por si só, parece ser uma atividade externa e forçada à natureza humana e não é um fim em si mesmo, e sim um meio de se atingir outros objetivos.[133]

O paradoxo apontado por Marx e muitos outros estudiosos socialistas do século XIX é que o desenvolvimento do sistema capitalista e da industrialização resultou em aprimoramento da economia capitalista e da capacidade produtiva, mas simultaneamente significou perdas para os próprios produtores dessa magnitude, os trabalhadores. Em vez de enriquecerem com o produto de seu trabalho, o que lhes acarretou o desenvolvimento da economia de mercado foi, ao reverso, pobreza e mais pobreza.

Marx, ao materializar todas as relações e se utilizar desse conceito de Alienação do trabalhador, também retorna um pouco às reminiscências de um hedonismo sem sentido que foi cultuado pelos antigos e por muitos nobres durante o Medievo. O trabalho seria, ao fim e ao cabo, um produto de homens menos hábeis que não teriam a capacidade de levar uma vida reflexiva. Na Contemporaneidade esta aversão e pura materialização do trabalho gera nos trabalhadores, em sua maioria, uma noção de o trabalho ser uma atividade indesejada e sem prazer. Torna-se, assim, apenas um meio para o fim, e não o próprio fim de realização do ser humano.

Esse pensamento, que está na base da crítica marxista ao sistema de capital, é que a nossa produção e a nossa atividade criativa são atividades essenciais; no entanto, o que a maioria de nós faz durante grande parte de seu tempo, "o trabalho", em vez de se tornar um meio de autossatisfação torna-se uma experiência odiosa.[134]

A desconformidade da análise marxista e da visão estritamente hedonista é que somos consumidores por natureza, e que nosso trabalho para satisfazer esse consumo é contrário às forças naturais.

A análise marxista, embora envolta em um forte caráter materialista, não se diferencia da visão de filósofos antigos e cristãos sobre a degenerescência, sobretudo do trabalho físico. Não é possível desprezar o enfoque

---

[133] SAYERS, Sean. Why Work? Marx and Human Nature. *In*: **Science and society**, v. 69, nº 4, p. 609, October 2005.
[134] SAYERS, Sean. Why Work? Marx and Human Nature. *In*: **Science and society**, p. 614.

marxista sobre o verdadeiro empobrecimento da massa trabalhadora que se urbanizou. Nos campos, a situação dos menos favorecidos continuou a mesma: precária há muitos séculos.

A imprevisão marxista é que a própria industrialização e a modernização das técnicas de produção trazem aos trabalhadores um crescente incremento de suas capacidades econômicas. O que justamente os desumaniza é o excesso da tecnização da vida e da capacidade econômica crescente dessa classe que Marx apontava como a mais empobrecida.

Retornando à análise schmittiana, ele não se concentra apenas na materialização completa da atividade humana. Schmitt foca na mutação industrial como epicentro da vida econômica para a análise da técnica que até o final do século XIX tomara um papel coadjuvante na economização da vida. No século XX, a técnica se torna personagem central do progresso científico-econômico. Eram tão grandes e admiráveis as descobertas e os aprimoramentos técnicos que a técnica passa a alimentar o econômico com mais vigor e com um percentual bem maior do que poderia supor o desenvolvimento calcado puramente no estético.

A técnica é autossatisfativa, embora o estético seja apenas um dos componentes de sua atratividade.

Com o progresso técnico é enterrado definitivamente qualquer aspecto da sacralidade humana. Se alguns homens ainda precisavam acreditar em milagres, as técnicas lhes traziam os maiores milagres. Coisas e aparelhos inimagináveis há poucos anos poderiam ser possíveis e estar ao alcance de milhões em um curto espaço de tempo.

O acesso ao novo, ao inovador, à boa qualidade deixa de ser uma característica estrita da elite, que marcara o industrialismo do século XIX. Na era industrial a produção massificada vai fazer com que as mais recentes inovações cheguem às massas quase que simultaneamente à chegada das elites.

E os que mais precisam da transcendência no sagrado, os mais humildes, se deixam conquistar pelos "milagres" da técnica. "*O século XX aparece, em seu início, como a idade não só da técnica, como também em uma crença religiosa na técnica*".[135]

Schmitt, malgrado o progresso da técnica, ainda discorre sobre o espírito. Para ele as nações não constituíam mais uma noção uniforme de espiritualidade. A reforma protestante e o surgimento das igrejas pentecostais já alteraram demasiadamente qualquer pretensão à uniformidade. Mas não é apenas ao exercício do sagrado que Schmitt quer chamar nossa

---

[135] SCHMITT, Carl. **O conceito de político** – Teoria do partisan, p. 92.

atenção. Seu objetivo é demonstrar que os conceitos desenvolvidos em cada uma das fases que a humanidade ocidental passara deveriam ser adstritos às áreas em que foram constituídos.

É perigoso fazer a transferência de conceitos desenvolvidos durante, por exemplo, a era teológica para a esfera econômica da vida atual. A visagem religiosa continua a existir, embora em muito menor intensidade. O homem não tem mais como centro o sagrado. A sua centralidade transforma-se no "econômico". O perigo que há na adoção de outras centralidades é a transferência de conceitos.

Males que em uma era foram vistos como maldições dos céus, hoje têm tranquilamente uma explicação científica para sua ocorrência. O que toca o homem contemporâneo não é mais a convicção de que estamos diante de um Deus bom ou de um Deus ativo e castigador. O que importa ao homem contemporâneo são os aspectos estritamente econômicos da vida. O que move a mídia e os homens de Estado na era contemporânea são as crises e as bonanças econômicas.

Se a economicidade do homem se torna central, todos os conceitos de outras eras se tornam subprodutos dessa visagem econômica. Assim, qualquer problematização nas áreas já ultrapassadas não constitui um problema central, e este é naturalmente resolvido quando a área central decide sobre as problematizações que mais a atingem.

Citemos, como exemplo, as rendas da Igreja de Roma. Na era teológica constituía uma obrigação de todo súdito e de todo soberano respeitar o percentual de tributo ou contribuição que era dirigido ao clero romano. Com a ascensão do Protestantismo, essas contribuições não eram mais dirigidas unicamente a Roma. Os príncipes, sobretudo alemães, incentivaram Lutero na sua luta contra Roma, pois cobiçavam parte dos dízimos romanos.

As novas igrejas passavam a ser dirigidas pelos soberanos das nações protestantes, sempre com a audiência prévia dos sacerdotes que comandavam essas igrejas. Desde há muito, mesmo antes da Reforma Luterana, nos países ibéricos sempre foi tradição a nomeação papal com o consentimento do monarca local.[136]

---

[136] Alguns historiadores teológicos remontam essas interações papais e monarcas desde a Alta Idade Média, quando Pepino, o breve, ajudou o Papa Estefânio II contra o ataque dos Lombardos a Roma. Com a vitória dos francos sobre os Lombardos, por volta de 751, são estabelecidos os primeiros Estados Papais em território italiano. O filho de Pepino, Carlos Magno (742-814), implementa grandes reformas na atuação da Igreja do reino franco e em suas possessões imperiais em terras germânicas. A partir de Carlos Magno muitos bispos e sacerdotes cristãos seriam nomeados pelo Papa com a aquiescência do monarca (APPOLD, Kenneth G. **The reformation**. 1st. ed. West Sussex: Wiley-Blackwell, 2011. p. 17-18).

Com a predominância da laicidade, utilizando um termo de Schmitt, com a *ascensão do humanitário-moral* e a separação definitiva entre Igreja e Estado em muitas nações isso significou a adoção de modelos republicanos em vez das históricas monarquias. Nem por isso as igrejas, em todas as nações ocidentais, tiveram parte de suas rendas perdidas.

Em muitas nações o clero passou a ser um servidor civil do Estado.[137] Noutras, embora tenha havido a separação, alguns Estados ainda toleraram que as igrejas cobrassem dos fiéis as rendas necessárias. Na era econômica um resquício dessa centralidade teológica se manifesta na imunidade tributária que todos os cultos religiosos podem exercer, independente da fé que professem. Como no estado laico a religião é uma opção de cada súdito ou cidadão, o Estado, para não ter a conotação de suprimir qualquer crença, busca conceder essa espécie de benefício tributário.[138]

Como Schmitt lembra, "[...] quando uma área se converte na área central os problemas das outras áreas passam a ser resolvidos a partir daí, sendo considerados tão somente como problemas de segunda categoria, cuja solução se dá por si mesma quando apenas resolvido o problema da área central".[139]

Na era econômica o Estado deixa de se preocupar com as rendas auferidas pelas diversas crenças religiosas porque seus cidadãos não têm mais a religiosidade como característica central de suas vidas. Como resquício da predominância do religioso, o que o Estado contemporâneo pode fazer é manter a imunidade dos cultos, mesmo porque o poder incontestável da Igreja Romana e dos demais cultos em bens patrimoniais e financeiros deixou de ter a importância que já teve com o arrefecimento do caráter religioso da população das nações.

Para o Estado contemporâneo o que mais interessa é a vigilância sobre as grandes corporações de empresas e os grandes contribuintes individuais. Estes, sim, geradores de riqueza cuja tributação de parte de suas rendas é que efetivamente mantém o Estado.

Assim, para que um Estado se declare soberano o que lhe é imposto é a capacidade de tributar a riqueza, investi-la e distribui-la da melhor

---

[137] Relembre-se a criação do Clero Civil durante a grande Revolução Francesa, onde se constatou muitas resistências de sacerdotes católicos que desejavam continuar fiéis a Roma e de alguns, premidos pelas circunstâncias, que acabaram aderindo à profanação de suas crenças para que pudessem continuar exercendo o sacerdócio. Todos os sacerdotes que não aderiram ao Clero Civil foram impedidos de continuar o exercício de suas ordens e sacramentos.
[138] Alguns Estados, como o argentino, mesmo após a reforma constitucional de 1994, ainda reconhecem a Igreja Católica Apostólica Romana como religião oficial do Estado: "*Artículo 2º – El gobierno federal sostiene el culto católico, apostólico, romano*".
[139] SCHMITT, Carl. **O conceito de político** – Teoria do partisan, p. 93.

maneira possível. Schmitt relembra que o grande pensador da era econômica teria sido Karl Marx, pois este materializou todo o pensamento dos homens para uma ética estritamente calcada no progresso econômico.[140]

Enquanto os Estados que adotavam o liberalismo estrito do século XIX caminharam para uma neutralização frente às diversas manifestações sociais da espiritualidade, o Estado russo ou soviético, após a Revolução de 1917, adota uma posição francamente antagônica à neutralidade religiosa e preconiza a economização da vida do cidadão russo.

Essa manifestação englobante de economização não pouparia os Estados ocidentais. O materialismo marxista vem como catálise para as nações que preconizavam o liberalismo. Aos poucos elas se convertem em nações que aceitam as conquistas de parte do proletariado sem abandonar a propriedade privada. Esta caracterização estritamente material marca não só o Estado Liberal do século XIX como também o Estado Social pós-Primeira Guerra Mundial. O Ocidente supera Marx ao explorar o seu materialismo de forma mais refinada, sem atacar deliberadamente algum restolho de espiritualidade que ainda existe no homem ocidental. O Estado econômico ocidental se torna neutro espiritualmente e se converte em uma máquina técnico-econômica na geração de riquezas.

Para Schmitt, um Estado que na era econômica prescindir de reconhecer corretamente, por si mesmo, as relações econômicas e liderá-las deve ser declarado neutro perante as questões e decisões políticas, renunciando, com isso, a seu direito de governar.[141]

Ele reconhece, contudo, as gradações que o Estado passou para chegar ao ponto de liderar a centralidade econômica. O Estado do século XIX é o exemplo característico da neutralização. Uma neutralização que adveio do abandono do teológico, e a nova e incipiente centralidade nacional, seguida pela econômica, busca essencialmente a neutralidade, pois ela significa segurança, evidência e paz.

Quando a nação atinge a centralidade, seja ela teológica, moral, nacional ou econômica, e os agentes dessas ações se encontram em perfeita neutralidade, é o momento de se iniciarem os novos conflitos.

A humanidade europeia sempre migra de uma área de luta para uma área neutra, a área neutra recém-conquistada sempre se torna, imediatamente, uma área de luta outra vez, tornando-se necessária a procura por novas esferas neutras.[142]

---

[140] *Cujos regio ejus oeconomia* (SCHMITT, Carl. **O conceito de político** – Teoria do partisan, p. 95).

[141] SCHMITT, Carl. **O conceito de político** – Teoria do partisan, p. 95.

[142] SCHMITT, Carl. **O conceito de político** – Teoria do partisan, p. 97.

A neutralidade da técnica constitui, no dizer de Schmitt, uma abstração. Como ela serve a todos e a todas as nações e se torna arma e instrumento, não necessita de nenhum fundamento teológico, moral ou nacional para servir. Ela está lançada e pode servir a qualquer crença, e nisso está justamente a sua falta de neutralidade. A técnica passa a servir a todos os interesses, pois todos, de uma forma ou de outra, dominam parte dela ou a técnica mais avançada.

Nesse domínio do que é mais técnico está o perigo de se utilizar das convicções próprias, novas ou antigas, e por meio da técnica conseguir que prevaleça esse ou aquele pensamento. A centralidade técnica não é centralidade final, para Schmitt é centralidade de meio e se torna arma para outras centralidades, ainda que arrefecidas do espírito ocidental há séculos ou dezenas de anos.

Assim, a técnica não é mais terreno neutro. Se as diversas forças dentro de uma nação ou entre as nações podem adotar a técnica como arma, conflito ou conquista, esta técnica preconizada pelo século XX não pode ser encarada como neutra, e seu caráter é predominantemente provisório.

O sentido definitivo só vai resultar quando se mostrar qual tipo de política é forte o suficiente para se apoderar da nova técnica e quais são os verdadeiros agrupamentos em amigos e inimigos que surgem sobre o novo terreno.[143]

2 O Estado econômico e o controle social

Se o caráter da técnica se perfaz em provisoriedade, qual é então o caminho para se apoderar dessa arma e produzir uma nova centralidade ou novas centralidades?

Carl Schmitt já identificava nas primeiras décadas do século XX o agigantamento estatal e a produção "motorizada" de uma cadeia crescente de regulamentações sobre as diversas esferas da vida do cidadão.

O volume crescente dessa produção de normas, sua complexidade e interconexão, além de seu característico "cambiante", tornam sua aplicação e seu cumprimento incertos. Até mesmo para os homens que se formam na técnica jurídica essa dificuldade desponta. A promulgação de leis e suas regulamentações enche milhares de quilômetros de prateleiras, e a atuação do operador do Direito e o funcionamento do

---

[143] SCHMITT, Carl. **O conceito de político** – Teoria do partisan, p. 101-102.

aparato judicial se tornam tão custosos que grandes corporações e até mesmo pequenas empresas têm constante preocupação com o futuro de suas existências.[144]

Em países de economia avançada o liberalismo do *laissez-faire* foi substituído por um liberalismo coletivista, onde as ações humanas e corporativo-sociais estão sob constante vigilância do aparato do Estado Social.

Afinal, as conquistas liberais, paradoxalmente, favoreceram a transformação estatal e contribuíram para o movimento objetivo que conduz ao Estado Total. Quando o povo, em armas ou apenas reivindicando, preconiza a supremacia do "social" em detrimento do Estado tradicional, autoritário e despótico, ele, em verdade, está reivindicando uma socialização da vida da coletividade, e isso redunda em "estatização da sociedade".[145]

É a própria sociedade civil liberal que crescentemente solicita ao Estado a sua intervenção. Os conflitos que surgem da era industrial trazem novos atores à cena política. Não bastava mais apenas que a burguesia legislasse em proveito próprio. Era necessário que ela atendesse aos anseios de uma classe que se encontrava subordinada a ela.

Esses novos atores, por seu turno, embora violentos e perigosos em determinados momentos da evolução legislativa, também intencionam ser incluídos na esfera liberal da vida cotidiana. Qualquer dos homens que se vê como subordinado a outro quer sua emancipação. Da mesma forma que o escravo buscava sua libertação.

Se o *statu quo* a ser combatido é o Estado Liberal que favorece a poucos, os agentes responsáveis por esse combate também desejam se parecer com os liberais. Querem se tornar burgueses.

A força primeva de suas ações é solicitar ao Estado que a acolha e lute por suas reivindicações. E a classe liberal, a partir de algum momento no final do século XIX e início do XX, sobretudo após a Revolução de 1917, também adere a esse chamamento estatal para se submeter à coletivização acionária do Estado.

O aparato burocrático estatal não se furta a esse atendimento e se conduz progressivamente para uma regulação completa da vida de seus cidadãos e a gestão de seu funcionamento. Nas palavras de Kervégan,

---

[144] HIRST, Paul. Statism, Pluralism and Social Control. *In*: **British Journal of Criminology**, v. 40, p. 279, 2000.
[145] KERVÉGAN, Jean-François. **Hegel, Carl Schmitt** – Le politique entre spéculation et positivité. 1er éd. PUF: Paris, 2005. p. 93.

podemos dizer, utilizando-nos de um vocabulário que certamente não é de Schmitt, que o Estado é conduzido pela própria sociedade liberal a se transformar em um Estado capitalista coletivo.[146]

A gênese do Estado Total corresponde a uma conversão do social-econômico em político, onde duas esferas de compreensão se confrontam. De um lado, os princípios liberais que desejam que os direitos fundamentais do homem fiquem cravados em qualquer texto constitucional; do outro lado, a necessidade estatal de regular a vida do cidadão criando diversos órgãos de fiscalização e policiamento da vida econômico-privada e reivindicando que essas previsões também estejam em sede constitucional.

A constituições-garantia ocidentais promulgadas ou outorgadas durante todo o século XX trarão esses antagonismos estampados. Por certo que o aspecto dos direitos humanos frente às prerrogativas estatais fenece, pois o Estado recebe suas prerrogativas do povo, ele é a própria encarnação popular, é o Estado Total. O Estado autêntico é o Estado forte. [147]

O Estado Social é o monstro maior que supera o Estado Absolutista em muitos graus em seu caráter de vigilância sobre a vida de seus cidadãos. Hoje, um servidor público responsável pela aferição de rendas ou um delegado responsável pela investigação de transações financeiras tem mais informações sobre muitos cidadãos do que qualquer rei absolutista tinha sobre a atividade de seus súditos nos séculos XVII e XVIII.

A técnica tem um papel preponderante no desenvolvimento do Estado Social policialesco, pois ela foi concebida como instrumento da nova era industrial, mas quem mais se apropriou de seu poder de controlar e perseguir foi o Estado Social Democrático.[148]

---

[146] KERVÉGAN, Jean-François. **Hegel, Carl Schmitt** – Le politique entre spéculation et positivité. 1er éd. PUF: Paris, 2005. p. 93.

[147] "O conceito do político de Schmitt, portanto, não implica a total usurpação de todas as esferas sociais pelo Estado e pela política, antes o contrário. Schmitt deseja garantir a autonomia de esferas não estatais. Só um Estado forte pode se retirar das esferas não estatais. O Estado neutro é um Estado forte, pois separa o Estado da economia e da sociedade civil. A neutralização e despolitização da economia (que são processos políticos, pois só podem se originar da decisão política do Estado) necessitam de um Estado com liderança política, que só é capaz de existir se possuir fundamentos plebiscitários. Schmitt não se opõe ao livre mercado, mas entende que este só pode sobreviver sob a égide deste Estado forte. O Estado forte que defende é um que protege a liberdade econômica dos setores privilegiados das demandas populares garantidas pelo Estado Social" (BERCOVICI, Gilberto. As Possibilidades de uma Teoria do Estado. *In*: **Revista da Faculdade de Direito da UFMG**. Belo Horizonte, nº 49, p. 87, jul.-dez. 2006).

[148] "[…] *enfin, le mode d'action typique de l'Etat administratif est la mesure (Massnahme) motivée par le pur souci 'technique' d'efficacité et d'opportunité matérielle*" (KERVÉGAN, Jean-François. Hegel, Carl Schmitt – Le politique entre spéculation et positivité, p. 97).

A noção de Estado Administrativo (*Verwaltungsstaat*) transforma-se completamente a partir da segunda metade do século XX. O símbolo dessa transformação é a substituição progressiva das normas legais, votadas pelo Parlamento nacional, por medidas administrativas (decretos, circulares, resoluções) que passam a tornar mais efetiva a atuação estatal. É como escreve Kervégan, o caminho da burocratização do Estado.[149]

Essas medidas convivem em relativa harmonia com todo o sistema parlamentar atuante que promulga as leis gerais da nação. Contudo, esse sistema parlamentar, por mais atuante que possa ser, não acompanha a necessidade de transformação que a Administração deve empreender para conjecturar toda a problemática da economicidade no seio social.

Além disso, no sistema parlamentar de qualquer nação pode-se, sempre, se deparar com os contínuos debates sobre questões técnicas que muitas vezes não são resolvidas no espaço de tempo e conveniência que exige a transformação dos fatos socioeconômicos. As normas inferiores acabam por se sobrepor e harmonizar com as normas gerais parlamentares, mas com muito maior eficácia, pois dependem de uma vontade única. Por fim, o cidadão se confunde e não tem noção se a norma que lhe obriga ou desobriga é efetivamente uma norma geral ou um decreto, regulamento, carta-circular, instrução normativa. No imaginário da cidadania *atécnica* essa diferenciação se desfaz.[150]

O resultado das armas técnicas sobre a regulação estatal é a criação de um enorme escopo legal de novas normas, regulações e servidores dispostos a perquirir o seu cumprimento. A esfera de vida privada do cidadão é diminuída crescentemente.

Mas esse controle social estatal serve aos cidadãos? Para Hirst, nenhuma das estratégias legais de criação de um enorme aparato estatal está funcionando adequadamente. São apenas tentativas de reforço do controle hierárquico em circunstâncias complexas que as tornam cada vez mais complexas e ineficientes. O abrandamento dessa tendência seria uma regulação mais diversa, descentralizada e autorregulatória.[151]

---

[149] KERVÉGAN, Jean-François. Op. cit., p. 99.

[150] "*The situation is so incalculable and so abnormal that the statutory norm is losing its former character and becoming a mere measure. When under the influence of this reality the legislature itself and, with it, the public law theory of the parliamentary legislative states declares all measures of the legislature to be statues and, in the legislature, statute and measure are no longer distinguished, then it is logically consistent that the reverse holds true*" (SCHMITT, Carl. ***Legality and legitimacy***. 1st ed. London: Duke University Press, 2004. p. 83).

[151] Os exemplos que o autor cita sobre as técnicas policiais para contenção da criminalidade e vigilância sobre a vida dos cidadãos são dignos de transcrição: "*We now have regular crises and absurdities: from social workers hunting for imaginary stanic abusers in ways*

O excesso de administrativação da vida dos cidadãos combinado com a tolerância "zero" das autoridades na busca de completudes das normas que elas mesmas criam é uma contradição em sociedades que se orgulham de ter estampados em seus textos constitucionais os direitos fundamentais do homem.

Desde o final da década de 1960, sobretudo na América do Norte e, posteriormente, em alguns países europeus ocidentais e na América do Sul, sob a escusa de inclusão de classes historicamente excluídas (pobres, negros, índios, estrangeiros etc.), iniciou-se o movimento que posteriormente veio a ser identificado como "ações afirmativas" (terminologia norte-americana) ou "discriminações positivas" (terminologia europeia), que prenunciavam em normas inferiores a necessidade de favorecimento de classes ou tipos sociais ou raciais para que o longo histórico de desigualdades fosse arrefecido com essas políticas. Essas normas não estão previstas na maioria dos textos constitucionais. São parte de uma ação dos legisladores ordinários e, muitas vezes, de servidores autárquicos que criam regras e regulamentos no intuito de fazer valer essas discriminações positivas em detrimento de valores constitucionais sagrados que o restante da população vê feridos, sem a predisposição à reação, tendo em vista o apoio de governantes policiados por uma mídia atuante.[152]

Essas discriminações positivas também são um exemplo de como essas discussões valorativas não foram e não são levadas aos foros competentes para discuti-las, que seriam (a) o próprio parlamento reunido para transformar o texto constitucional que ali se encontra ou mesmo promulgar uma nova norma fundamental onde esteja prevista a discriminação para arrefecer as desigualdades históricas ou (b) a reunião do povo em plebiscito.

Ora, a história do mundo é uma história de desigualdades e sofrimentos. A economia de mercado, ao mesmo tempo em que produz riqueza, também produz desigualdades, e a civilização tem convivido com isso com relativa estabilidade.

---

reminiscent of the early-modern European witch craze, to lunatic scrutiny procedures for prospective parents that prevent children being adopted, or to health regulations that forbid people willing to take the risks from eating beef on the bone or eating cheese made from unpasteurized milk. Such inanities are the result of two combined, if apparently contradictory tendencies: 'one-size-fits-all' regulatory policies applied to diverse circumstances and to groups with different values; and the growth of administrative discretion on the part of regulatory professionals, which in an effect of the increasing complexity and inconsistency of the rules that result from trying to subject activities to ever more detailed central norms" (HIRST, Paul. Statism, Pluralism and Social Control. *In*: **British Journal of Criminology**, v. 40, p. 281).

[152] No Brasil, observa-se esse movimento de criação de regras discriminatórias, sobretudo em universidades públicas.

4 A Era das Neutralizações e a Economicidade

O devaneio ideológico socialista, em conjunto com a sociedade tecnicizada, pretende criar uma sociedade completamente hedonista, onde o sofrimento deve ser descartado a qualquer custo. Se for necessário que os direitos do homem, duramente conquistados por séculos de lutas, possam ser descartados em nome de grupos específicos para que esses grupos tenham, em tese, as condições de igualdade para competir em uma sociedade tecnicizada, esse espectro de visão faz parte de uma sociedade desumanizada que dessume que a discriminação positiva fará com que os homens pertencentes a esses grupos discriminados se tecnicizem e tenham condições de competir com os demais membros da sociedade.

Esse pensamento é tão artificial quanto crer em uma vida sem percalços, sem sofrimentos, sem injustiças. Além, obviamente, de descartar qualquer mínimo sinal de que o Estado Democrático se baseia no mérito dos homens para diferenciá-los e não em suas condições hereditárias, hierárquicas ou sociais. A vida sofrida é contingência do existir humano. A discriminação (negativa) a certos grupos sociais é fruto de um processo natural da evolução da espécie humana e deve ser abrandada justamente com a afirmação de valores humanos que o homem carrega desde os primórdios do Judaísmo e do mundo grego. Essas humanizações e inspirações transcendentais de valorização da figura humana, muitas delas já transcritas em nossos textos constitucionais, não podem ser ultrapassadas e desprezadas pela tecnização da vida e pelo posicionamento ideológico de alguns poucos.

Tornar-se-á com o tempo uma grande ilusão para esses grupos que creem que o favorecimento de seus modos de vida possam ser melhorados com a mera ação administrativa do Estado, sem maiores discussões por todo o corpo social onde estão inseridos e, em certa medida, com algum conflito. Segundo Carlo Galli, citando Schmitt, "[...] a modernidade e a estatalidade têm o seu centro na ideia de que a ordem política só é possível por meio da desordem e do conflito, e esta ordem só é efetiva e concreta quando, conscientemente, ela incorpora e expressa esse conflito".[153]

O Estado tem se administrativizado e policizado crescentemente, e os maiores gastos identificados atualmente são em áreas de segurança e repressão. A ação estatal nessas áreas tem trazido medo, insegurança e, logicamente, o agigantamento do controle social.[154] Com a evolução técnica da ordem o crime também se tecniza e a oposição, quer seja ideológica, quer seja apenas social (sem a exata noção de a qual classe pertence!), também se torna um fator fecundo para o conflito.

---

[153] GALLI, Carlo. Carl Schmitt and the Global Age. *In*: **The New Centennial Review**, v. 10, nº 2, p. 4, 2010.
[154] HIRST, Paul. Statism, Pluralism and Social Control. *In*: **British Journal of Criminology**, v. 40, p. 282.

Uma sociedade altamente regulamentada e conduzida por uma classe de profissionais tecnicizados é uma contradição em termos. Uma visão distópica tem sido construída sobre a base da proliferação de regulações pormenorizadas, seja para atenuar o que chamam de discriminações históricas, seja pelo simples fato de o Estado desejar controlar a vida de qualquer de seus cidadãos para evitar conflitos que fazem parte da essência humana. Todo aspecto da vida social dos cidadãos é objeto de controle do Estado contemporâneo.[155]

Essa tendência ao controle já fora identificada por Carl Schmitt como "legislação motorizada", onde a quantidade e a complexidade de normas gerais e regulamentos crescem exponencialmente.[156] O grande risco desse crescimento está justamente na possibilidade de atentar contra as vigas-mestras do Estado Democrático do Direito, que são as conquistas dos direitos humanos prescritas na transcendência humana, e muitas delas normatizadas constitucionalmente.

Ao fim e ao cabo, o excesso legislativo regulamentar descontrói as conquistas liberais e as conquistas sociais do homem ocidental e tem a doce ilusão de pôr fim aos conflitos.

3 A economicidade e uma possível ética de valores

Para retornar com um conceito de Schmitt, a era central em que vivemos é a era econômica. O econômico se transforma em político, e os interesses individuais e sociais do corpo político se dirigem para alimentação da esfera econômica da vida.

O mandamento cristológico do *Amai-vos uns aos outros como Eu vos amei* é um dos preceitos fundamentais da vida individual e comunitária, mas como adaptar essa mensagem de transcendência em um mundo completamente materializado, que perdeu suas referências do sagrado e até mesmo do social-humanitário?

O homem passa a conectar a ação bondosa, o "fazer o bem", à certeira contraprestação do outro a quem ajuda, ou até mesmo o desconhecimento desse outro não o leva a ter vontade de auxiliá-lo. Afinal, a natureza humana pode se basear estritamente nesse mandamento do Cristo, ou, pelo contrário, desde priscas eras sempre foi penoso manter-se em uma atitude altruísta, ajudando pessoas desconhecidas de seu meio individual ou social?

---

[155] HIRST, Paul. Statism, Pluralism and Social Control. *In*: **British Journal of Criminology**, v. 40, p. 283.

[156] HIRST, Paul. Statism, Pluralism and Social Control. *In*: **British Journal of Criminology**, v. 40, p. 283.

A natureza humana pode ser tão vil que exija sempre o ajudar conectado ao conhecimento prévio ou a algum interesse econômico no outro?

Esse comportamento humano da espera pela retribuição do amor do próximo não é, certamente, fruto da nova era em que vivemos, a da centralidade econômica. Ela o acompanha desde a sua existência. E se pudermos afirmar que amar ao próximo é um ato tão antinatural quanto a própria existência humana, em que podemos deduzir que se baseia esta existência humana? Na autopreservação?

Sim, o homem tem um forte instinto de autopreservação, e ele não tem necessariamente qualquer ligação com o amor próprio. O seu direito natural e a sua luta cotidiana pela vida, nos parece, não têm ligação com o amor próprio. Como nos animais mais selvagens, a ausência de amor próprio não os impede de buscar a sobrevivência, assim o homem é realmente diferente das feras e, no dizer de Aristóteles, também dos anjos.

"Aceitar o preceito de amar ao próximo é o ato fundador da humanidade".[157] O amar ao próximo passa pelo amor a si mesmo. Mas se este amor a si mesmo não é parte preponderante da natureza humana, e sim a sobrevivência, como amar ao outro sem amar a si próprio?

Nas palavras de Bauman:

> [...]para ter amor próprio, precisamos ser amados ou ter a esperança de ser amados. A recusa do amor – uma censura, uma rejeição, uma negação do *status* do objeto digno de amor – gera ódio-próprio. O amor-próprio é feito de amor oferecido a nós pelos outros. Os outros têm de nos amar primeiro para que possamos começar a amar a nós mesmos.[158]

A recusa do amor é produto natural da história da humanidade, e é ela que gera o ressentimento e, por vezes, o conflito. A humanidade vive simultaneamente com o amor e com o ódio. São duas forças alimentadoras de sua sobrevivência. Embora o ensinamento cristológico funde uma nova era, concomitante a ele persevera o ódio trazido com o homem desde o nascimento. Nem mesmo outro grande ensinamento cristão, o ato de perdoar, foi capaz de arrefecer a existência e o crescimento do ódio entre os homens. Assim como o amor, o ódio é intrínseco ao homem, e sua vontade de aplacar algum ressentimento provocado pelo outro supera muito qualquer vontade de *amar* e *perdoar*.

---

[157] BAUMAN, Zygmunt. **A ética é possível num mundo de consumidores?** 1. ed. Rio de Janeiro: Zahar Editores, 2011. p. 38.
[158] BAUMAN, Zygmunt. **A ética é possível num mundo de consumidores?** p. 40.

Para Scheler e Nietzsche o ressentimento é um dos principais óbices do amor ao próximo. Nietzsche, segundo Bauman, descreve o ressentimento como o que o abatido, o desprovido, o discriminado e o humilhado sentem por seu superior. E este superior é, em geral, o rico, o poderoso, o livre para autoafirmação e capaz de se autoafirmar. *"Ressentimento é, por essa lógica, uma mistura curiosa e inerentemente ambígua de genuflexão e acrimônia, mas também de inveja e despeito"*.[159]

Scheler, em especial ao examinar o hedonismo, afirma que a contínua busca do prazer pelo homem denota um profundo infortúnio interno que ele não consegue identificar.[160]

O hedonismo prático é um dos símbolos da decadência de uma civilização. A busca do prazer e a fuga de qualquer manifestação de dor são características que marcam o nosso mundo contemporâneo, e por serem esses dois fenômenos cada vez mais pronunciados, a falta de alegria e o sentimento vital negativo se tornam a postura íntima e básica de nossa sociedade.[161]

Se a busca da felicidade se torna central, a alegria buscada pelos homens necessita cada vez menos de combinações especiais externas que façam parte de sua intimidade, como o amor, a família, o lar. Todo entrelaçamento para uma vida hedonista passa a demandar uma diversidade de completudes que a mera presença de caracteres íntimos no homem não os satisfaz. O homem se torna alegre essencialmente quando consegue estabelecer conexões de posse com a matéria.

A centralidade econômica da vida desumaniza principalmente o plano íntimo da vida, pois as características mais banais da vida humana já não são mais atingidas se não vierem atreladas a uma satisfação material.[162]

Os homens continuam a se dividir em classes, mas as classes que tenham relação com a exploração da matéria. Os homens passam a competir

---

[159] BAUMAN, Zygmunt. **A ética é possível num mundo de consumidores**? p. 42.

[160] *"Es decir, siempre que el hombre se halla insatisfecho en estrato más central y profundo de su ser, su tendencia colócase en la postura de substituir ese estado disgustante por una orientación hacia el placer, y en verdad hacia el estrato más periférico en cada caso, es decir, el estrato de los sentimientos más fácilmente provocables. La intención conotativa al placer es ya en sí misma un signo de interior infortunio (desesperación) o – según los casos – de una infelicidad o miseria íntimas, de una tristeza o desconcierto interiores, o de un sentimiento vital que indica la dirección de la 'decadencia de la vida"* (SCHELER, Max. **Ética**. 1. ed. Madrid: Caparrós Editores, 2001. p. 466).

[161] SCHELER, Max. Ética, p. 467.

[162] *"Todos los días estamos viendo con nuestros ojos cómo ciertas cosas que primeramente sirven tan sólo de lujo, es decir, para el goce de lo agradable en ellas incluido, se tornan, como cosas y como cosas de esta especie, en 'necesidad', y luego ya en sólo experimentamos su existencia como placentera, sino también sentimos su no existencia como dolorosa y como 'en falta"* (SCHELER, Max. Ética, p. 473).

entre si, e sua luta não é pela necessidade de igualar a todos em um nível inferior a que todos se encontram. Pelo contrário, afirma Bauman, citando Scheler, que "[...] a partir de uma posição igual e de uma semelhante atribuição, membros das classes médias – como livres agentes que se autoafirmam e autodefinem – lutam arduamente para chegar ao topo e atirar os outros para baixo".[163]

Como prosperam o amor e outros valores característicos do homem em um mundo que tem estritas e fortes ligações com a matéria? É possível conviver com um mundo que se baseia na posse e no luxo e cultuar simultaneamente os valores mais íntimos do homem?

Um estudo da redução fenomenológica husserliana analisando a posição do homem no mundo atual pode nos levar ao estudo da ética antes da ontologia? É difícil pensar em reduzirmos o *ethos*, a morada própria do "ser", sem mesmo analisar a existência e a necessidade do "ser".

E quando nos defrontamos com um mundo complexo de burocratizações e hierarquizações que o Estado atual nos impõe, como produzir a redução do ser ou de sua ética sem a consideração dessa realidade agigantada que oprime o existir.

Se a ética estatal não se origina da ética do próprio homem, como o Estado forma essa própria ética estatal? É penoso pensar que a ética estatal seja diversa da ética dos próprios homens que a criaram. Mas ela pode ser diversa, pois o Estado contemporâneo até mesmo antes, já na Modernidade, havia tomado ares de "deslocamento" da ética humana. O Estado, sobretudo com o advento democrático, formou o seu próprio *ethos*, e este *ethos* corresponde a esta enorme burocratização e hierarquização da vida que faz do próprio criador, o cidadão (e não mais o homem, simplesmente), uma das peças de sua engrenagem.

O *ethos* estatal é a sua própria preservação, e não necessariamente servindo ao homem. Pelo contrário, o criador passa a servir a criatura na medida em que a criatura perdeu o seu *ethos* mais íntimo e delegou sua felicidade à existência de um aparato defensivo, de segurança que lhe permita viver em sociedade.

A coerção social iniciada por Hobbes como inevitável e confirmada posteriormente por Durkheim e Freud

> [...] apresenta a coerção societal e os constrangimentos impostos à liberdade individual por regulações normativas como meios

---

[163] BAUMAN, Zygmunt. **A ética é possível num mundo de consumidores?** p. 43.

necessários, inevitáveis e benéficos de se proteger a integração humana contra uma "guerra de todos contra todos"; e de se vigiar os indivíduos humanos contra uma vida "sórdida, brutal e curta".[164]

Bauman, contudo, nos adverte que na sociedade consumerista, que chama de sociedade líquida, a credibilidade e o poder persuasivo da imposição societal foram rebaixados, cada um de uma forma, mas redundaram em uma mesma consequência, qual seja, o

> [...] desmantelamento do sistema de regulação normativa, redundando, pois, em uma libertação de partes cada vez maiores da conduta humana padronizada da supervisão e do policiamento coercitivos, e pelo relegar de um número cada vez maior de funções previamente socializadas para as esferas das "políticas de vida" individuais.[165]

Não é esta a visão que podemos concluir do agigantamento estatal. Essa esfera do indivíduo em uma sociedade como a nossa, uma sociedade consumerista, está envolvida crescentemente em conduções, regulações e hierarquizações. O Estado hobbesiano imaginado pelo jusfilósofo é apenas a infância do Estado onipresente e totalitário que encontramos sob a égide do Estado Democrático de Direito.

Esse novo Estado, com os contornos que a Democracia e o consumismo deram a ele, não prescinde de um poderoso aparelhamento de controle. Nas palavras de Schmitt, este Estado "motorizado" propulsor exponencial de normas controla, incentiva, fiscaliza, regula e pune os cidadãos que se encontram em confronto com a sua centralidade.

A centralidade atual do Estado contemporâneo é a centralidade econômica. Todos aqueles que desejarem retornar a um estado espiritual de valorização do íntimo, do transcendental, deverão fazê-lo na intimidade de seus lares. Não conseguimos enxergar essa responsabilidade pelo "outro" que nos clama Lévinas.[166]

Relembremos, pois, Schmitt, que vê na existência do "outro" a ocorrência da adversidade, o nascimento do conflito, e é do conflito que se alimenta o homem.

---

[164] BAUMAN, Zygmunt. **A ética é possível num mundo de consumidores?** p. 53.

[165] BAUMAN, Zygmunt. **A ética é possível num mundo de consumidores?** p. 55-56.

[166] BAUMAN, Zygmunt. **A ética é possível num mundo de consumidores?** p. 55.

4 A Era das Neutralizações e a Economicidade

Como os primeiros cristãos, a intimidade e a espiritualidade estão cada vez mais atreladas a encontros nas "catacumbas". O homem livre não existe mais. O *homus aeconomicus* é o novo homem.

Para conservar esse novo homem dentro de seu espaço, pois ele continua guardando a sua gana de liberdade, o Estado deve montar um grande aparato de controle. A liberdade humana, ainda que formal, deverá ser regulada em minúcias. As capacidades criativas do homem estarão sob a vigilância estrita do Estado; mesmo que essa criatividade seja a propulsora da centralidade econômica ela não pode criar sem as destinações específicas que o Estado deseja.

Para que prospere esse controle do Estado sobre o seu criador não basta mais o ideário de Montesquieu. Os bens e os males se espalham com tamanha rapidez que a burocratização estatal, por mais ativa que esteja, dependerá de um poder coercitivo que aja com maior rapidez do que aqueles que queiram desvirtuar a ordem, seja porque são criminosos, seja porque "criam" ou "cultuam" valores que não são os da centralidade econômica.

E é sobre a guarda desse sistema que discorreremos no capítulo seguinte. Surgiu um poder que é a medida de todos os poderes, e este poder é o mais efetivo no controle. Ele não é apenas o Estado burocratizado que conhecemos, é apenas uma de suas seções ou de suas "pernas". E esta parte do Estado se torna tão atuante com o passar do tempo que sua hipertrofia com relação aos demais poderes é tão temida quanto desejada.

5 O Guardião da Constituição e os Poderes Neutrais

1. Pluralismo e concentração de decisão. 2. Policracia. 3. Constituição como noção absoluta e como noção positiva. 4. É indispensável um Guardião constitucional jurisdicional? 5. O guardião político. 6. A Constituição Econômica. 7. Neutralizações insuficientes. Governo inoperante? 8. Imprescindibilidade do Guardião da Constituição.

1 Pluralismo e concentração de decisão

Adentraremos aqui em poucos detalhes sobre a querela surgida pelos idos de 1929, 1930 e 1931 entre as teorizações de Carl Schmitt e Hans Kelsen acerca do efetivo Guardião da Constituição, enfocando, em maiores detalhes, as diferenciações de suas teorizações a partir da seção 5. (O Guardião Político). Em sua obra sobre o Guardião da Constituição, Schmitt preconiza toda a primeira parte a refutar os argumentos de que um Tribunal Constitucional seria o melhor controlador da "constitucionalidade das leis". Mais à frente faremos pequenas colocações acerca do pensamento de ambos sobre os passos iniciais que desenvolveram sobre a guarda constitucional exercida pelo Poder Judiciário.

Inicialmente é preciso sempre relembrar as situações pelas quais viviam Schmitt e o próprio Kelsen. Hans Kelsen, apesar de inspirador e incentivador de um Tribunal Constitucional, membro durante quase nove anos e presidente do Tribunal Austríaco que ajudara a fundar, acaba por abandoná-lo

5 O Guardião da Constituição e os Poderes Neutrais

por razões pessoais, pois o Poder Executivo austríaco resolvera promover uma reforma do Tribunal retirando do Parlamento Austríaco a prerrogativa de indicar seus membros, passando essa nomeação a ser feita pela composição governamental que dirigisse o país. Essa reforma frustrou as mais íntimas convicções sobre a guarda do sistema normativo austríaco, e Hans Kelsen renunciou ao seu cargo no Tribunal Constitucional em 1929.[167]

---

[167] Afinal, o Parlamento austríaco, muito influenciado pelos social-cristãos, resolvera fazer uma reforma na composição do Tribunal Constitucional. A maior desavença entre governo e Tribunal ocorreu em relação às dispensas matrimoniais. Com forte influência católica, o matrimônio entre católicos, disposto expressamente no Código Civil de 1811, era indissolúvel. Contudo, permitira o legislador a possibilidade da separação de "mesa e cama", afastando um dos principais deveres dos cônjuges, que era a coabitação. Esta separação era permitida e não se consentia ao separado contrair novas núpcias. Como a Áustria, quando da promulgação e da aplicação de seu Código Civil, vivia sob uma monarquia quase absoluta, os legisladores do século XIX previram que o imperador poderia conceder uma "graça especial" dispensando em certos casos os impedimentos matrimoniais para que o separado pudesse contrair novas núpcias. Esta prerrogativa imperial era estendida aos governadores locais, representantes do imperador. Com a queda da monarquia os dois maiores partidos da era republicana, os social-democratas e os nacionais alemães, desejavam empreender uma reforma matrimonial no Código Civil, permitindo a dissolubilidade do mesmo. Por pressão dos social-cristãos a reforma não foi levada a cabo, mas os representantes estaduais que substituíram os governadores imperiais eram muito mais prodigiosos nas concessões das dispensas matrimoniais. Quando, eventualmente, o pedido de dispensa caía nas mãos de um social-cristão e fosse indeferido, o recurso seguia ao Conselheiro Federal Austríaco. O Conselheiro Federal era comumente ocupado por um social-cristão, e a vice-chancelaria por um nacional alemão. Quando ocorria algum caso da negativa de uma dispensa, era possível que o Conselheiro Federal deixasse o cargo para que o vice autorizasse a dispensa. Alguns casos específicos mudaram o andar de todos os procedimentos que eram tolerados pelas autoridades. Alguns tribunais passaram a invalidar essas dispensas, já que a lei consagrava a indissolubilidade matrimonial onde pelo menos um dos cônjuges fosse católico. Iniciou-se, pois, um aberto conflito entre a autoridade administrativa e as autoridades judiciais. Além disso, havia na Áustria um Tribunal Administrativo, o único competente para examinar atos administrativos. Como não poderia ser diferente, o conflito desembocou no Tribunal Constitucional. Em outros assuntos, o Tribunal Constitucional já decidira que os tribunais ordinários não poderiam revisar o ato das autoridades administrativas, apenas o Tribunal Administrativo poderia fazê-lo. E o Tribunal Constitucional agiu da mesma forma no caso das dispensas matrimoniais. Deveria prevalecer a decisão das autoridades administrativas e a tentativa de anulação das dispensas matrimoniais deveria ser buscada no Tribunal Administrativo, e não na justiça ordinária. Com essa decisão do Tribunal Constitucional iniciou-se uma veemente campanha contra o mesmo, acusando o Tribunal de incentivar a bigamia. Kelsen era o alvo preferido da imprensa. Em 1929, o partido social-cristão promoveu e incentivou uma reforma da Corte Constitucional. Seus membros não seriam mais eleitos pelo Parlamento Austríaco, e sim pelo próprio governo. Alguns membros do partido social-democrata aceitaram a reforma e pediram a Hans Kelsen que ele permanecesse como indicado pelo partido na nova Corte Constitucional. Kelsen nunca fizera parte de nenhum partido e não aceitou fazer parte de um Tribunal Constitucional que se tornara político. Quando da reforma do Tribunal Constitucional, Hans Kelsen renunciou ao seu cargo de ministro. Maiores detalhes podem ser obtidos na autobiografia de Hans Kelsen (KELSEN, Hans. **Autobiografia**. 1. ed. Rio de Janeiro: Forense Universitária, 2011. p. 81-93).

Carl Schmitt se deparava com uma situação política caótica vivida pela Alemanha quando escreveu sua obra em 1929. Duas figuras políticas proeminentes, Mathias Erzberger e Walter Ratheneau, foram assassinadas em 1921 e 1922, respectivamente. O primeiro por ter participado da assinatura do armistício e das negociações do Tratado de Versalhes que, para boa parte dos alemães, havia humilhado a nação. Ratheneau era de família judaica e servira como Ministro das Relações Exteriores em 1922, quando assinou com os soviéticos o Tratado de Rapallo revogando a maior das tratativas de Brest-Litovsk que havia culminado com a rendição russa em 1917.

Em 1923, vieram a hiperinflação e as tentativas de golpe de Estado (General Kapp em março de 1920[168]; Hitler e Ludendorff em novembro de 1923), as greves e os protestos violentos de comunistas na Alemanha Central e em Hamburgo em março de 1921; o Estado de exceção decretado na Baviera em setembro de 1923; a ocupação do Ruhr por tropas aliadas; secessionismo Renano em outubro de 1923; a intervenção militar das Forças Armadas (*Freikorps*) na Saxônia nos mesmos mês e ano, além da dramatização da situação econômico-financeira do país a partir da crise norte-americana em 1929, que se espalhou pelo mundo.

Era uma época conturbada para toda a Europa, principalmente em decorrência da ideologização dos "ismos" em todos os países.

Schmitt sustenta que o Reich alemão era conduzido por três forças autônomas, mas convergentes. A primeira delas era o Federalismo, criado sob a batuta imperial, era a organização estatal cooperativa que unia os diversos Estados alemães. A segunda delas era o Pluralismo, que significava uma maioria de complexos sociais de poder que se estendiam por todo o país. Em verdade, Schmitt verbera aqui a existência de organizações sociais que ultrapassavam as fronteiras de alguns estados que poderiam constituir-se em partidos ou apoiar alguns partidos no seio do Parlamento. A terceira força que ele denomina *Policracia* revestia-se de detentores da economia pública que eram juridicamente autônomos, onde a esfera pública de poder encontrava freios à sua atuação. No seu textual, "o pluralismo designa o poder de várias grandezas sobre a volição estatal; a policracia é possível com base em uma retirada do Estado e uma autonomização perante a vontade estatal; [...]".[169]

Essas definições de Schmitt têm como objetivo, além de identificar as forças sociopolíticas do Estado alemão, a tentativa de afirmação da

---

[168] Conhecido como Kapp-Lüttwitz Putsch.
[169] SCHMITT, Carl. **O guardião da constituição**. 1. ed. Belo Horizonte: Editora Del Rey, 2007. p. 105.

5 O Guardião da Constituição e os Poderes Neutrais

possibilidade de anulação da atividade de uma pela outra. Organizações sociais podiam auxiliar o Reich, desde o momento que rompessem as fronteiras dos Estados e se associassem nacionalmente ou apoiassem partidos nacionais. A policracia não redundava apenas em estruturas que hoje denominaríamos privadas, mas também organizações públicas que tinham como principal objetivo a autonomização econômica do ente, ainda que fosse apenas um ente administrativo, como uma prefeitura local.

A preocupação de Schmitt era que essas esferas presentes no Reich alemão ora trabalhavam em conjunto, ora minavam uma o trabalho da outra, ora uma delas se unia a outra para tentar enfraquecer a terceira. Essas forças presentes no país – para Schmitt isso era inevitável – pretendiam, cada uma delas, prescrever sistemas normativos próprios que atendessem aos seus interesses. Como não era possível a identificação de uma unidade e uma democracia nunca é uma unidade, para Schmitt faltava um conceito objetivo de Constituição, e, consequentemente, de divergências constitucionais. Se não há um conceito objetivo de Constituição não pode haver um defensor dessa Constituição. Esse defensor, se viesse a existir, sempre estaria cooptado ou seria simpatizante de uma das vertentes presentes no Reich alemão.

Schmitt recorda que, no caso do pluralismo parlamentar, característico do século XIX, as forças alemãs imperiais eram soberanamente fortes para sopesar as forças das organizações sociais e econômicas que surgiam no seio social. De qualquer forma eram concepções diversas de compreensão do Estado, e a interferência do estatal era menor no seio social. Se tivesse que ocorrer aconteceria sem problemas, tendo em vista a representativa força que o estado imperial alemão simbolizava até mesmo entre os mais preparados. Paralelamente a esse supremo poder havia uma autonomia das diversas expressões sociais existentes ao tempo do parlamentarismo imperial. O confessional convivia com o agnóstico; o econômico convivia com os resquícios de uma economia feudal artesanal; o econômico convivia com as forças públicas que também desejavam produzir. Apesar desses dualismos, o Estado continuava a ser a referência nítida e concreta de todas as forças do Reich.

Por que, então, surge uma Constituição? Para Schmitt surge exatamente como um pacto entre povo e príncipe. Se esta Lei Fundamental interfere nas concepções de liberdade e propriedade do povo, suas ingerências devem ser regradas para que não se pratique o abuso por qualquer das partes. Esse dualismo entre a esfera pública e a privada era absolutamente compreensível no parlamentarismo do século XIX. O Reich alemão se torna simultaneamente legiferante e dirigente, por um consenso expresso do próprio corpo social.

Mas há diferenciações entre os diversos Estados que se formaram no seio ocidental europeu. Há Estados, como a Inglaterra, que conviviam com um forte componente jurisdicional. A tradição de efetividade de suas normas se dava por meio de decisões dos juízes, não necessariamente juízes *tout court*, pois, ao fim e ao cabo, nas últimas instâncias os processos desembocavam na Câmara dos Lordes, que dispunha de poderes jurisdicionais.[170] A França, muito antes dos Estados alemães, vem de uma caminhada do desenvolvimento do Estado Absolutista iniciada no século XVI. A sua *ratio* se determina não apenas por normas repletas de conteúdo,[171] senão por uma decisão tomada pelo príncipe no caso de lesão particular ou desordem e, a partir desses casos concretos, as normas fundamentais do reino vinham sendo escritas. Contudo, antes mesmo da formação da norma há a decisão do soberano sobre o caso concreto ou a conturbação pública.

Nesse caminhar do "agir" e do "normatizar" começa a surgir o caminho para a objetivação do sistema. Como confirma Schmitt, é a partir da decisão soberana em casos concretos que a norma começa a despontar e ceder lugar à previsão de um sistema que abarcasse ou tentasse abarcar as condições de paz entre os súditos e entre estes e o príncipe.

Por essas diversas formas de desenvolvimento dos Estados europeus não se pode falar de um Estado meramente legiferante, jurisdicional ou executivo. Para Schmitt, todos os Estados têm um *status mixtus*.[172] Mas, da mesma forma, todos os Estados se desenvolveram de uma forma que lhes caracterizou a centralidade. O estado legiferante do século XIX é eminentemente um estado civil constitucional, onde as principais normativas condutoras foram desenvolvidas no seio parlamentar e as respectivas sociedades que o adotaram passaram a crer que a guarda sistemática da consecução da ordem estava justamente no seio parlamentar.[173]

Em um estado jurisdicional como o inglês não há (ou não havia) a necessidade de formação de uma normatização prévia para conduzir a ação do agente estatal (juiz). A lesão e a conturbação são tratadas de acordo com os precedentes judiciais e os costumes daquela sociedade.

---

[170] Foi procedida a uma reforma legislativa no Reino Unido em 2005. A partir de 1º de outubro de 2009, as funções jurisdicionais saíram da Câmara dos Lordes e passaram a ser exercidas pela Suprema Corte do Reino Unido (Supreme Court of United Kingdom), que compreende a última instância das nações que fazem parte do Reino Unido: Inglaterra, País de Gales, Escócia e Irlanda do Norte.

[171] SCHMITT, Carl. **O guardião da constituição**, p. 111.

[172] SCHMITT, Carl. **O guardião da constituição**, p. 112.

[173] Schmitt citando Richard Thoma: "faz parte das 'tendências determinantes do tipo de Estado moderno retirar do juiz e transferir ao legislador' a decisão, 'cuja racionalidade e justiça podem ser objeto de discussão'" (SCHMITT, Carl. **O guardião da constituição**, p. 112).

5 O Guardião da Constituição e os Poderes Neutrais

Dessa forma, tomando como cerne o desenvolvimento histórico da formação dos Estados, Schmitt é peremptório ao classificar:

> [...], em um Estado legiferante não pode haver nenhuma justiça constitucional ou jurisdição estatal como verdadeiro guardião da Constituição. Este é o último motivo para o fato de que, em tal Estado, a justiça não decide, de per si, discutidas questões constitucionais e legislativas.[174]

Mas essa é apenas uma parte de seu raciocínio. Ele tem completa consciência da "ultrapassagem" do modelo legiferante como *telos*. O modelo legiferante permanece como propulsor do sistema normativo, mas perde a centralidade da oposição ao príncipe, do controle do gasto, da proteção das liberdades. Todas essas qualificações continuam presentes nos Parlamentos, no entanto elas deixam de ser centrais.

Vencida a fase do controle passa-se à fase da supremacia da normatização econômica. Os corpos sociais, sejam eles detentores do poder econômico, sejam eles dependentes da estrutura econômica e industrial, passam a dirigir os trabalhos legiferantes. E o princípio elementar é que quanto menos interferência houver mais propício será para o sistema de mercado o desenvolvimento de suas atividades.

Até mesmo em países jurisdicionalizados as decisões passam a contemplar uma centralidade diversa daquela em que atuavam no princípio:

> Os direitos políticos fundamentais, em especial a liberdade pessoal, a liberdade de opinião, a liberdade de contrato, a liberdade econômica, a liberdade de profissão e a propriedade privada, os verdadeiros alvos da Suprema Corte dos Estados Unidos, pressupõem um Estado neutro que, em princípio, não intervém ou que só intervém, no máximo, com o objetivo de restituir as condições alteradas pela concorrência.[175]

Nesse momento em que Carl Schmitt escreve sua tese sobre o Guardião da Constituição era nítido que o Parlamentarismo do século XIX havia sido ultrapassado. Iniciava-se uma nova forma de liberalismo. Não era necessariamente a classe industrial que ditava a normatividade, mas o Estado se encontrava em um momento em que o aparato industrial se tornara tão presente na vida de toda a nação que sua alimentação

---

[174] SCHMITT, Carl. **O guardião da constituição**, p. 112-113.
[175] SCHMITT, Carl. **O guardião da constituição**, p. 115.

não mais interessava apenas a uma determinada classe, mas a todos os envolvidos na sustentabilidade do sistema. Era perceptível a auto-organização estatal.

Logicamente que na era das ideologias os modos de se atingir o bem-estar e a paz social ainda alimentavam muitas cabeças sobre a idealidade de uma ou outra vertente de pensamento. O que Schmitt quer aduzir é que independente dessas vertentes ideológicas o Estado organizado já se ordenara para alimentar a máquina industrial que tomara toda a vida da nação. Como escrevemos no item IV. 3 do capítulo anterior, o Estado tornara-se Estado "motorizado" propulsor exponencial de normas que controlam, incentivam, fiscalizam, regulam e punem os cidadãos que se encontram em confronto com sua centralidade.

Essa motorização do Estado traz a similaridade entre Estado e Sociedade, assim todos os problemas estatais se tornam problemas sociais, e os problemas sociais se tornam problemas estatais. Já previa Schmitt o engrandecimento do Estado de bem-estar social, o assistencialismo aumentava na medida em que a sociedade que se alimentava do processo tecnológico também necessitava de ajuda do próprio Estado. Estado e Sociedade começam a se tornar uma única e grandiosa máquina, uma máquina que puxa suas forças do progresso tecnológico e, simultaneamente, deve entregar as soluções à Sociedade a partir da alimentação desse progresso. É o *senseless purpose*[176]

Estava excluída a esfera privada do poder econômico ou, pelo menos, de sua engrenagem? Não. Ela era existente, mas a atividade estatal se torna tão representativa que o que mais importa ao aparato que se alimenta são as relações entre Estado e Economia, e não as relações entre Estado e cidadão. Nesse sentido, o caminhar para o Estado Total, o Estado assistencialista, é uma crescente perda da liberdade individual.

Diante dessa realidade econômico-estatal, Carl Schmitt desdobra parte de seu raciocínio que dá título à sua tese: embora o Estado legiferante tenha cedido terreno ao engrandecimento econômico-tecnológico, estando em um momento de transição, este mesmo Estado não pode ceder às preocupações do bem-estar dos cidadãos e às análises dos desvios de conduta no entrelaçamento das forças econômicas para o Poder Judiciário, pois este poder também se encontra em transição. "Em tal situação alterada e diante de tal expansão das tarefas e problemas estatais é o governo (Executivo), mas certamente não a Justiça, que talvez possa propiciar o remédio".[177]

---

[176] Como desenvolvemos no Capítulo 2, Seção 5.
[177] SCHMITT, Carl. **O guardião da constituição**. p. 120.

No momento em que Schmitt escreve ele vê a debilidade do aparato judicial para tentar imiscuir-se em problemas tão grandiosos quanto os problemas econômicos. As nações da década de 1930 não possuíam um Poder Judiciário preparado para solucionar os problemas que deixaram de ser apenas de parte da população para se tornarem problemas socio-estatais.

Como veremos mais adiante, o Poder Judiciário de todas as nações evoluiu muito. Foram criadas justiças especializadas em conflitos econômicos. Contudo, a perspectiva de Schmitt continua válida porque o Poder Judiciário, por mais preparado e agigantado que possa estar, ainda carece de uma tecnicalidade que é imprescindível para entender os complexos desenvolvimentos da sociedade puramente tecnológica.

Por mais especializado que possa ser determinado braço, sessão, alçada do Poder Judiciário nenhum deles se compara e consegue alcançar a especialização que a formação tecnológica necessita para que os conflitos não surjam, ou se surgirem, sejam combatidos rapidamente para que o eixo alimentador do sistema volte a produzir.

2 Policracia

No que se refere especialmente ao Poder Legislativo, Schmitt volta a repetir a instabilidade de seu funcionamento, as alternâncias de maiorias, as quedas de gabinete, todos esses fatores se somam para corroborar de forma clara a inadequação do Parlamento para tratar de uma economia pública diversificada em milhares de agentes econômicos, sejam pequenas ou grandes empresas privadas, sejam órgãos ou empresas públicas. Citando o jurista alemão Johannes Popitz, que durante alguns anos foi Ministro das Finanças da Alemanha de Weimar, Schmitt traz essa noção de Policracia. Ele a define como os diversos entes que se desenvolvem na economia pública, com "justaposição e uma desordem de numerosos sustentadores autônomos da economia pública amplamente emancipados e independentes uns dos outros".[178]

Como no Parlamento ele enxerga na esfera econômica a existência de uma grande diversidade de entes, sejam públicos ou privados, órgãos, estados-membros (*Länder*), Municípios ou empresas que refletem o pluralismo parlamentar, mas têm uma lógica própria que não é apenas o interesse de legislar em seu próprio benefício. Esses entes autônomos e díspares querem ser bem-sucedidos na ciranda econômica construindo

---

[178] SCHMITT, Carl. **O guardião da constituição**. p. 134.

Carl Schmitt - Valores, Técnica, Economicidade e Guardião da Constituição

suas próprias regras, e esse fenômeno leva a uma confrontação e à impossibilidade de o Parlamentarismo acompanhar as milhares de necessidades que uma economia avançada exige.

Há um nítido "descolamento", seja intencional, seja prático, da ação desses poliagentes em relação à tentativa da nação (Executivo e Legislativo) em elaborar um sistema planificado para todos, como pretensamente pensara um dos seguidores de Schmitt, Joseph Kaiser.[179]

Mas o Estado, mesmo ciente desse descolamento da esfera dos agentes econômicos, percebe que a ação econômica não se desprendeu completamente do Estado. Pelo contrário, é neste ponto que o Estado precisa agir para evitar os abusos. Ciente do rumo econômico adotado pelo Estado, Schmitt cita Popitz:

> [...] no caminho para o Estado administrativo, já superou há muito com seu equivalente, o Estado fiscal, o nível do Estado preocupado com o bem-estar social e ameaça tomar, pura e simplesmente, o desenvolvimento rumo ao Estado fornecedor de previdência social.[180]

A concretização do Estado Social é um caminhar contínuo com evoluções constantes e superando todas as expectativas desses teóricos do início do século XX, ele chegará ao final desse mesmo século e início do século XXI muito mais portentoso do que se poderia imaginar. A maior parte das populações de nações que cultuam o Estado Democrático de Direito passaram a usufruir de direitos inimagináveis no primeiro quartel do século XX. Todos os qualificativos de sobrevida do homem ocidental aumentaram representativamente.

Mesmo diante desse fluxo inexorável rumo a um Estado Social que é imprescindível para manter direitos dos vários grupos que apoiam a Policracia, agora nem mais tanto como política partidária e mais certamente como a manutenção tradicional de um movimento libertador do século XIX, esses vários grupos desejam a manutenção do Estado Social, pois há uma maioria de indivíduos que passa a viver em função das benesses do Estado. E, felizmente para o próprio Estado, os burocratas administradores se deram conta que não lhes interessava uma economia planificada. O que é mais importante é a pujança econômica, pois é por meio do tributo que o Estado vai prover todo o aparato de direitos que prometeu ao cidadão.

---

[179] Ver Capítulo 4, Seção 1.
[180] SCHMITT, Carl. **O guardião da constituição**. p. 134-135.

5 O Guardião da Constituição e os Poderes Neutrais

Não importa tanto mais o apoio a um Estado legiferante, o que importa verdadeiramente para se manter o Estado Social é o desenvolvimento intenso do Estado rumo ao Estado Econômico.

Mesmo diante de iniciativas que surgem do próprio seio social, como iniciativas eminentemente privadas, o Estado Econômico também se torna Estado-empresário investindo objetivamente em áreas lucrativas e áreas de cunho social. Schmitt exemplifica na Alemanha dos anos 1930 a existência do Banco do Reich, que englobava a atividade comercial bancária e o controle da moeda; e o sistema ferroviário do Reich, que era o principal meio de transporte no início do século XX para grande parte da população que viajava a lazer ou a trabalho.

Em nosso país podemos encontrar várias iniciativas desde o Governo Vargas, com a criação da Petrobras, passando pela era democrática (1946-1964) com a criação de grandes empresas importantes, como a Companhia do Vale do Rio Doce, até a culminação com os governos militares que aberta e francamente optaram por um Estado-Empresário na essência, sendo criada uma infinidade de empresas públicas que desempenhavam desde atividades de cunho estritamente social (redes de hospitais especializadas em determinados males crônicos da população) até atividades puramente comerciais, como os bancos estaduais e as companhias telefônicas. Todo esse aparato estatal convivia e sobrevivia, com relativa harmonia, ao lado de iniciativas privadas já significativas.[181]

Nesse contexto, ainda que desconsideremos todo o movimento liberalizante iniciado na década de 1990 do século XX, que procurou diminuir intensamente o Estado-empresário tendo em vista os altos custos, sobretudo em decorrência da ineficiência de sua atividade, especialmente nas atividades eminentemente comerciais, o que Schmitt questiona é se com a presença estatal no seio econômico, seja diretamente, seja por meio de regulação de sua atividade, a existência de um Parlamento, ou melhor, de um Estado legiferante é imprescindível para a atividade do Estado Econômico?

Mais intenso ainda, Schmitt pergunta: *o parlamentarismo pluralista e o moderno Estado econômico são ou não compatíveis um com o outro?*[182]

É preciso analisar, despiciendo de partidarizações, que o Estado econômico atual caminha ao lado do Estado legiferante, e este efetivamente

---

[181] Nos governos socialistas brasileiros iniciados em 2003, com o ex-presidente Luís Inácio Lula da Silva até o impedimento da ex-presidente Dilma Roussef, houve a criação de 41 empresas estatais (Jornal O Globo, 19/08/2016 - **Estatais criadas desde Lula sobrecarregam o Tesouro**, disponível em: <http://oglobo.globo.com/opiniao/estatais-criadas-desde-lula-sobrecarregam-tesouro-19951647>. Acesso em: 3 fev. 2017).

[182] SCHMITT, Carl. **O guardião da constituição**. p. 137.

age com promulgações de normas que acabam se imiscuindo na atividade econômica, seja puramente estatal, seja puramente privada. Mas não é a este ponto que Schmitt quer chegar. A sua constatação, que é bastante atual, é que a centralidade econômica tomou tal envergadura que ela possui uma retroalimentação autônoma. Mesmo que o Parlamento ou grupos sociais queiram interferir neste ou naquele modo de agir da economia o motor econômico é autônomo e se alimenta de suas próprias produções. A conquista tecnológica é total e não é mais a lei que produz, incentiva ou engessa esse motor, e sim o contrário, é a nova era tecnológica que conduz a ação dos parlamentares e grupos sociais.

Para se manter, ainda, uma esfera de controle estatal, mesmo que reconheçamos que a centralidade econômica também já se apossou das forças estatais, é indispensável para Schmitt um Estado forte que possua órgãos que possam controlar diretamente ou por meio de agentes neutros a atividade econômica. Para o bem ou para o mal há necessidade de um Guardião, ainda que sua ação seja pensada e realizada de forma econômica.

3 Constituição como noção absoluta e como noção positiva

Antes de iniciarmos o estudo que Carl Schmitt faz sobre a Constituição Econômica é importante que façamos uma digressão sobre algumas definições que o mesmo estatui em sua magistral obra **Teoria da Constituição**, escrita em 1928. Nesta obra, Schmitt discorre sobre algumas noções de Constituição, ficando clara, para quem conhece sua trajetória de vida como jurista e crítico do liberalismo, a refutação da noção positivista de Constituição, embora tenha dissecado sobre os elementos formadores de uma Constituição positiva e da realidade de seu reconhecimento pela comunidade tecnojurídica ao tempo de seus escritos.

Constituir é formar, organizar, estabelecer, representar dessa forma um homem, um animal, um objeto, todos de uma forma ou outra possuem uma constituição. O Estado também tem uma constituição. Não é uma norma que funda o Estado. O Estado como forma política, unidade de ordenação é preexistente a qualquer noção de normatividade positivada. Logicamente podemos concluir que a normatividade da unidade estatal é retirada da união de pessoas, de grupos, de cidades, de Estados. Mas seu desejo de se unir, seja nos tempos mais remotos, mais inseguros e que demandavam uniões, seja nos tempos mais modernos, cuja segurança das pessoas e dos grupos foi bastante implementada, todas as organizações têm uma precedência normativa de constituição justamente encontrada em sua cultura, em seus costumes, na sua moralidade objetiva.

É essa a ideia que Schmitt quer passar, de que a noção absoluta de constituição precede qualquer noção positivista de constituição. "A Constituição pode significar um sistema fechado de normas e definir, ainda uma vez, a unidade – entretanto, não uma unidade existente concretamente, mas pertinente ao pensamento, uma unidade ideal".[183]

Quer no caso da precedência constitutiva pela cultura, pelos costumes, quer na constatação da existência de uma constituição ideal, para Schmitt, em ambos os casos estamos tratando de uma noção absoluta de constituição. Estamos buscando o verdadeiro significado da palavra "constituir", seja na facticidade da vida, seja na idealização das consciências de homens e grupos sociais.

Nosso escritor refuta o que ocorria e ocorre rotineiramente de os sistemas normativos vincularem tais ou quais leis como leis constitucionais. Para ele essas leis possuem uma noção relativa de constitucionalidade, pois não designam uma totalidade, uma ordem, uma unidade, e sim situações particulares que não podem modificar a unidade fática da formação dos grupos sociais.

Quando descreve a noção positiva de Constituição, Schmitt revela uma diferenciação que para ele é essencial. Deve-se discernir a Constituição do que ele chama de leis constitucionais. Para Schmitt, a lei constitucional deve ser assemelhada à noção de contrato. O contrato não deve e não pode estar em oposição ao sistema positivo-normativo, podendo ser resilido ou rescindido conforme os meios de sua extinção. O mesmo ocorre com a lei constitucional. Ela deve ter simetria hierárquica com o texto constitucional, mas pode ser revogada com certa tranquilidade pelo corpo legislativo.[184] A Constituição, contudo, deve ser preservada de alterações formais do corpo legislativo. Neste ponto, Schmitt aproxima a visão que os constitucionalistas detinham do modelo constitucional dos séculos XVIII e XIX, onde a organização estatal, a limitação ao poder e o modelo econômico eram o núcleo duro constitucional e não podiam ser alterados ao alvitre do poder constituído.

Na era das constituições-garantia esse núcleo duro será estendido para os direitos fundamentais e os direitos sociais. Há limitações na própria Constituição ou há consenso social sobre a importância de determinadas cláusulas constitucionais, e o poder constituído fica impedido de tocá-las.

---

[183] SCHMITT, Carl. **Théorie de la constitution**. 1er ed. Paris: PUF, 1993. p. 131.
[184] SCHMITT, Carl. **Théorie de la constitution**. p. 151.

Mas um novo poder constituinte pode fazê-lo. A normatividade-positiva, ao se distanciar um pouco dos aspectos históricos, sociais e morais da nação, permite que uma nova ordem positiva seja criada, contrariando disposições positivas que antes eram tidas como intocáveis.

Schmitt reconhece que cada Estado acaba desenvolvendo sua própria Constituição, que é uma estrutura global de unidade política e ordem social. A palavra Constituição não é propriamente um sistema ou uma coletânea de leis positivas ou de ordens emanadas do poder soberano. Toda Constituição tem um senso particular que se amalgama ao momento histórico e às tradições dos povos, por isso Schmitt descreve que cada nação europeia possuía uma Constituição específica.

As nações de língua alemã, influenciadas pelos ventos liberalizantes da Revolução de 1789, as sucessivas revoluções em seu solo (1830 e 1848) e as derrotas para Napoleão Bonaparte induziram-nas a formar, inicialmente, a Confederação Germânica em 1861. Posteriormente, a Prússia Imperial se envolveu no conflito com o Império Austríaco (1866) e, com a adesão de alguns reinos do Sul, formou-se o Império Alemão efetivamente, consagrado na derrota imposta aos franceses em 1870. Guilherme I foi sagrado imperador Alemão e Rei da Prússia no palácio de Versalhes em 1871. Nesse momento inicia-se uma forma de positivação da legislação para todo o Reich e a promulgação da Constituição do Reino Alemão, que durará de 1871 até a proclamação da República, em novembro de 1918, e a promulgação da Constituição de Weimar, em janeiro de 1919.

O Reino e as repúblicas franceses, historicamente, tiveram várias constituições ou emendas autorizativas de mudança de regime nos séculos XVIII e XIX: 1791, 1793, 1795, 1799, 1802, 1804, 1814, 1830, 1848, 1852, 1875, sendo a última considerada a Constituição da Terceira República. De uma forma ou de outra todas foram promulgadas com textos completamente novos ou com emendas a antigos textos. Havia e há na França a principiologia de que a nação sem Constituição não pode ser considerada uma nação, e esta principiologia espalhou-se pelo mundo ocidental. Está consagrado este princípio no artigo 16 da Declaração dos Direitos do Homem e do Cidadão de 1789: "*Toute Société dans laquelle la garantie des Droits n'est pas assurée, ni la séparation des Pouvoirs déterminée, n'a point de Constitution*".

A Constituição do Reino Unido não provém de um único texto organizado, votado e sancionado, como se dá com as constituições do sistema continental; consiste, ao contrário, na reunião de uma série de textos esparsos que tiveram, e de certa forma ainda mantêm, importância crucial, neles havendo decisões judiciais que interpretam os textos legais promulgados pelo Parlamento sem o condão de modificá-los; os costumes do povo do Reino Unido; e até mesmo obras de doutrina clássica que revelaram o espírito desses mesmos textos legais pelos estudiosos de seu tempo, em especial quando as cortes de Justiça ainda não tinham se manifestado sobre eles.[185] De uma forma ou de outra, tanto as nações anglo-saxãs que se baseiam na Common Law têm alimentado uma produção legiferante sem precedentes como as nações que adotam o sistema continental (Civil Law) têm valorizado seus precedentes judiciais. Não há hoje mais um modelo fixo, embora possamos identificar prevalências de modelos aqui e acolá.

A noção de Constituição absoluta de Schmitt parece caminhar mais no sentido da historicidade do modelo inglês e da idealidade dos processos revolucionários, ainda que descartemos os textos promulgados pelas diversas revoluções ocorridas nesses países. Os Estados não têm uma Constituição em virtude da qual a vontade estatal se forma e se realiza, mas o Estado é a própria Constituição.[186] O Estado como unidade significa simultaneamente UNIDADE e ORDEM; sem estas duas circunstâncias o Estado deixa de existir.

Quando descreve a noção de Constituição positiva, Schmitt admite claramente a necessidade da formação do poder constituinte, seja ele formado a partir de uma decisão pacífica de refundação estatal, seja ele advindo do processo revolucionário. Na noção de Constituição positiva a conceituação de ato constituinte (*Verfassungsgebung*) é inerente ao modelo constitucional atual.

O modelo positivo se diferencia do modelo de noção absoluta, pois este não está atrelado necessariamente à ordem normativo-positiva, enquanto aquele contém a determinação consciente de uma configuração global específica que escolhe a forma política. Esta configuração pode ser modificada. Podem ser introduzidas formas fundamentalmente novas sem que o Estado desapareça.[187]

O poder constituinte em uma Constituição positiva é autossatisfativo. Como escrevemos acima, ele não deve considerações indispensáveis a qualquer costume ou historicidade. A fundação do modelo normativo-positivo

---

[185] A título de exemplificação podemos citar como textos de patamar constitucional a Magna Charta do Rei João-Sem-Terra, de 1215; a Petition of Rights, promulgada pelo Parlamento no ano de 1628; o Bill of Rights e o Claim of Rights, promulgados depois da Revolução Gloriosa de 1688; o Act of Settlement de 1700, promulgado pelo Parlamento, que complementou o Bill of Rights e estabeleceu provisões acerca da sucessão Real; o Act of Union entre o Reino da Inglaterra e o Reino da Escócia (em 1707); os Parliament Acts de 1911 e 1949; o Crown Proceedings Act de 1947; o Human Rights Act, de 1998; o Scotland Act, de 1998; o House of Lords Act, de 1999; e o Freedom Information Act, de 2000.

[186] SCHMITT, Carl. **Théorie de la constitution**. p. 132.

[187] SCHMITT, Carl. **Théorie de la constitution**. p. 152.

é um ato soberano da nação reunida que funda uma nova ordem política. Esta Constituição advém de um ato consciente de seu povo que dá a si próprio um novo ordenamento, uma nova unidade política por meio do poder constituinte.

Como alerta Schmitt, e nesse ponto as duas noções de Constituição, absoluta e positiva, se aproximam, é que não se deve confundir Constituição com Contrato Social. Mesmo a Constituição positiva não funda um novo Estado, ela funda uma nova ordem política, como se deu com a França em 1791, a Tchecoslováquia em 1919 e a Rússia em 1918. E por que não dizer que o Tratado de Lisboa, em 2009, funda uma nova unidade política, ainda que supranacional?

A União Europeia é responsável pelas relações de todos os Estados membros com os demais países do mundo e das relações desses mesmos Estados membros entre si. Há regulação de um direito comum europeu, há um Parlamento europeu eleito diretamente e há um Conselho europeu formado por membros de cada um dos Estados funcionando proximamente a uma casa federativa. Há, inclusive, uma Corte de Justiça europeia encarregada da aplicação do direito europeu.[188]

Não obstante a valoração dos aspectos normativos-positivos, Schmitt alerta que a Constituição não deve ser vista apenas como uma codificação exaustiva, pois a unidade constitucional não reside na própria Constituição, senão na unidade política onde a forma de sua existência é fixada pelo ato constituinte.[189] Por ser uma Constituição derivada ela não nasce dela própria. Ela nasce de um ato soberano da unidade política concreta. Toda a codificação infraconstitucional se vincula a esta vontade soberana de criar a unidade a partir de um texto escrito.

Na noção absoluta de Constituição não há necessidade de positividade para que se tenha uma Constituição. Os exemplos francês e brasileiro

---

[188] Identificamos o renascimento de nacionalismos nos países europeus. No contexto europeu esse "emsimesmamento" se refere mais ao problema migratório do que a imposição de uma ordem positiva europeia. O caso emblemático é o Brexit do Reino Unido já aprovado pela população e pelo Parlamento. O longo processo de negociação para a saída do Reino Unido e as teorias catastróficas sobre as consequências econômicas de sua saída não arrefeceram o ímpeto nacionalista. A rigor, nos parece que houve arrependimento de parte da população britânica favorável à saída da Comunidade Europeia. Há sérias dificuldades de o partido conservador admitir que o plebiscito foi um erro. Por isso, tendemos a compreender que as modificações constitucionais e legais com a saída do Reino Unido serão pequenas.
Logicamente que tocarão para ambos os lados os aspectos econômicos da saída. Estes sim, são a verdadeira preocupação do que sai e daqueles que ficam. A problemática migratória, para utilizarmos um termo de Schmitt, "não é central". Central é o aspecto econômico. A migração passa a ser importante quando interfere na condução da Constituição Econômica.
[189] SCHMITT, Carl. **Théorie de la constitution**. p. 152.

são plenos demonstradores da instabilidade de tal ideário. A unidade e a ordem política advêm da formação estatal, dos costumes de seu povo e do respeito à autoridade.

Schmitt ainda desenvolve um segundo significado para a Constituição absoluta, que é a ordem política e social que pressupõe um modelo de hierarquia e subordinação. Não há ordem política sem o binômio *hierarquia* e *subordinação*. Neste sentido, Constituição é forma particular de dominação dissociável da forma de governo adotada, seja República, Monarquia, Aristocracia etc.

Contudo, no estabelecimento da forma de governo, seja República, Monarquia ou Aristocracia, a escolha do modo de governar também se pode denominar como Constituição daquele Estado que optou por uma das formas; para Schmitt, nesse caso, a Constituição é a forma das formas, *forma formarum*.

A terceira definição de Constituição é aquela que surge a partir de um movimento que desmonta o regime anterior. É uma Constituição com o devir dinâmico da unidade política. São, na maior parte das vezes, novas forças que suplantam as forças que estão no poder e estabelecem novos valores, novas formas de governo e novas formas de subordinação que procuram criar um novo sistema normativo. Há certa pusilanimidade no sentido de que os novos ocupantes estão "criando" tudo novo, esquecendo de todo o passado da ordem antiga.

Schmitt esclarece que:

> Em todo caso, esta noção "dinâmica" de Constituição repousa sobre a esfera do "ser" (o devir) e da "existência"; a Constituição não está ligada a uma simples norma ou regra sobre a qual nós nos subsumimos. A Constituição é o princípio ativo de um processo dinâmico de energias ativas, um elemento do devir, mas real, não um procedimento regrado de prescrições e imputações do "dever-ser".[190]

Esse processamento do devir todos conhecemos bem. É efetivamente a modelagem de se estabelecer um novo regime. A força do constituinte. A força revolucionária. A arte de negar o procedimento de prescrições e imputações fica sorrateiramente prejudicada, pois todo novo regime se instala sobre as bases do antigo, ainda que o negue. O efeito absoluto, que Schmitt quer repassar, é no sentido de que a nova ordem não precisa ficar adstrita à ordem antiga.

---

[190] SCHMITT, Carl. **Théorie de la constitution**. p. 134.

O que vemos na prática não confirma essa característica, embora também se possa enxergar o caráter absoluto da nova ordem que se quer implantar, pois ordem nova é aquela sem vinculação com os costumes ou normas do regime anterior.[191] As novas ordens sempre aproveitam parte do arcabouço normativo construído pela velha ordem, muitas vezes alterando algumas prescrições essenciais e mantendo a "marginalidade" em perfeita validade, o que não afronta a nova ordem.

Schmitt ainda desenvolve o raciocínio de Lorenz von Stein, baseado em premissa da *Summa Teologica* de Thomas de Aquino, de que dois elementos pressupõem o estabelecimento da nova ordem (*duo sunt attendenda*): a participação de todo o povo na formação do novo Estado (ou nova ordem) e, em seguida, o modo de governar e dominar. Para Schmitt, é o velho confronto entre ordem e liberdade. As constituições iniciais francesas (1791, 1793 e 1795) são exemplos característicos de Constituição. O estabelecimento do Diretório (1799) e depois do Império (1804) é um exemplo de uma ordem autocrática que, a despeito de não descartar a vontade popular, pois existia um forte desejo pelo apaziguamento e pela reconciliação do Estado francês, o período napoleônico é encarado por Schmitt pelo predomínio da Ordem (*Ordnung*).

No processo da formação constituinte todos os cidadãos maiores e capazes[192] se reúnem, e a partir da vontade individual de cada um deles se forma a vontade estatal. Forma-se assim o novo Estado a partir da vontade unitária tomada em seu coletivo para que se formem as instituições necessárias e o novo regime se estabeleça. No caso do período napoleônico (*Ordnung*) todos os cidadãos e as instituições existentes ao tempo da transformação já são considerados membros do Estado. A idealidade constitucional no primeiro caso é que a vida cotidiana se ordena a partir de premissas do próprio povo, dá-se o sentido da ordenação de baixo para cima. Na idealidade da Ordem (*Ordnung*) a premissa se inverte e são os cidadãos que ficam à mercê da vontade estatal, com uma ordenação de cima para baixo.

Não se vê muita dessemelhança com o processo constituinte brasileiro. Se tomarmos a primeira Constituição republicana de 1891, que rompe com o sistema monárquico instaurado desde a chegada dos primeiros governadores gerais, sabemos que o Marechal Deodoro da Fonseca nomeou uma Comissão de militares e juristas que se reuniu em Petrópolis para apresentar o projeto revisto por Ruy Barbosa aos "pseudoconstituintes"

---

[191] Talvez na Revolução Bolchevique de novembro de 1917, nós possamos identificar esse caráter de renovação absoluta, sobretudo no que se refere à Constituição Econômica.

[192] Do sexo masculino e com determinada renda comprovada.

reunidos no Paço Imperial, a partir de listas organizadas pelo próprio governo republicano, composta de representantes que muitas províncias nunca teriam ouvido falar. Recebido o projeto da comissão governamental a Assembleia Constituinte se reuniu no dia 15 de novembro de 1890, nas palavras de Raymundo Faoro, "sob a indiferença do povo da Capital Federal".[193] A comissão começou o exame do projeto do Executivo, mas suspendeu os trabalhos de 22 de novembro a 10 de dezembro. Aumentaram a celeridade do exame do texto em razão do receio de muitos constituintes com a epidemia de febre-amarela que assolava o Rio de Janeiro.[194]

O texto foi promulgado em 24 de fevereiro de 1891. Para se notar o despreparo da classe política daquele tempo e a inexistência de uma elite, ainda que apenas cultural, para a formação de uma vontade geral, Paulo Bonavides, citando Aurelino Leal, descreve o diálogo que Rui Barbosa teria mantido com o presidente da República, Marechal Deodoro da Fonseca, acerca da impossibilidade de dissolver o Parlamento por um ato do presidente da República, enquanto o presidente Marechal insistia em tal prerrogativa.[195]

O processo constituinte brasileiro de 1891 é típico de um processo de *Ordnung*. Todos os ocupantes do poder discriminaram qual seria o *modus operandi* da promulgação. O iletrado povo brasileiro não participou de qualquer debate, aliás, os poucos que sabiam ler liam as notícias publicadas por uma maioria de jornalistas republicanos e positivistas de longa data. Não há aqui, como na eleição dos constituintes franceses de 1793, no processo de assunção do Diretório francês e a entronização imperial de Napoleão nenhuma manifestação popular para formar a nova ordem. A nova ordem se apossa das antigas instituições, e, embebidos das moralidades das autoridades defenestradas, os novos ocupantes determinam como deve ser a organização estatal e da vida privada dos cidadãos de cima para baixo. Nesses casos, a "ordem do Estado é a execução orgânica da vontade já formada".[196]

---

[193] *Apud* CERQUEIRA, Marcello. **A constituição na história**. 1. ed. Rio de Janeiro: Revan, 2006. p. 449.

[194] CERQUEIRA, Marcello. **A constituição na história**. p. 451.

[195] "O chefe do Governo provisório folheou o documento, minuciou-lhe as páginas, e não achando o que procurava, perguntou: 'Onde está o artigo que autoriza o presidente a dissolver o Parlamento?' O Sr. Ruy explicou-lhe que tal dispositivo não era de molde a figurar numa Constituição presidencialista, ao que Deodoro objetou: 'Pois bem. Mas o senhor há de sair um dia do Congresso como Antônio Carlos, em 1823, tirando o seu chapéu à majestade do canhão', e assinou o decreto" (BONAVIDES, Paulo. **História constitucional do brasil**. 3. ed. São Paulo: Paz e Terra, 1991, p. 220).

[196] SCHMITT, Carl. **Théorie de la constitution**. p. 135.

Não se trata, pois, de uma constituição como lei fundamental. O regime é modificado e são criadas instituições estatais republicanas, mas as valorações dos políticos, dos revolucionários e do próprio povo continuam a ser valorações monárquicas.

Carl Schmitt prevê a possibilidade de uma lei fundamental regrar toda a vida societária da comunidade (*Regelung*). A Constituição passa a ser a norma das normas. A constituição deixa de ser algo dinâmico e passa a ser normativa, impondo o *dever-ser* em torno de suas diretrizes. Todo o arcabouço jurídico tramita em torno da norma fundamental englobante. "Todas as outras leis e normas devem poder ser atraídas para esta norma única".[197]

Na esfera de análise da lei fundamental Estado e Constituição são coisas distintas, mas não como no primeiro caso, Constituição como princípio ativo, onde o Estado é a constituição, mas, pelo contrário, é a Constituição que é o Estado, pois este é considerado normativamente como um tipo de *dever-ser*, e não vemos no Estado outra coisa que não um sistema de normas, uma ordem jurídica. Essa unidade fechada e sistemática de normas que acaba assimilando as instituições estatais é a noção absoluta de Constituição.

No desenrolar das historicidades de todos os países ocidentais é difícil definir, como realização primária, esta noção de Constituição absoluta, pois nossas constituições acabam assimilando antigas valorações e validando antigos sistemas normativos presentes ao tempo de sua promulgação. Cremos que o que Schmitt quer demonstrar é que a força atrativa da Constituição absoluta é tão representativa que todo o arcabouço jurídico posterior tem sempre e incondicionalmente uma vinculação com a Constituição que formou o novo Estado. E o arcabouço jurídico anterior acaba sendo aplicado de acordo com a nova formação constitucional.

Os perigos que advêm da noção de Constituição absoluta não estão tão somente na possibilidade de adequação da normatividade anterior à sua primazia, mas exatamente na possibilidade de os intérpretes posteriores começarem a ter novas leituras sobre antigas normas de acordo com a vontade constitucional primária.

O desaparecimento dos conceitos da formação constitucional citados acima, iniciados por Lorenz von Stein no século XIX, seguidos por Robert Mohl, Rudolf Gneist e Albert Haenel e mantidos pela interpretação filosófica de Hegel começam a desaparecer com a Teoria Constitucional

---

[197] SCHMITT, Carl. **Théorie de la constitution**. p. 135.

de Paul Laband, George Jellinek e Gerhard Anschütz, que pressupõe **a supremacia metodológica da interpretação**. É a aplicação da arte da interpretação exegética aos textos de disposições constitucionais. É o que Schmitt chama a atenção para o início de uma era "positivista" de interpretação que vai acabar seduzindo a maior parte dos constitucionalistas do século XX.

Como explica Schmitt, a maior parte da nova geração formada a partir da metodologia interpretativa constitucional acredita que **Direito** e **Lei Positiva** são a mesma coisa. Seria compreensível essa confusão, já que o século XIX se deparara com várias revoluções que procuravam estabelecer novas ordens jurídicas que negassem a hegemonia monárquica sobre a vida das nações, "[...] *ante todo a partir de su papel histórico y político: se inscribe en el combate entablado en el siglo XIX por la burguesia liberal contra las estructuras políticas autoritárias del 'Estado governamental' monárquico*".[198]

O positivismo necessita legitimar a nova ordem constitucional do Estado de Direito (*Rechsstaat*) com a primazia do Estado legislador (*Gesetzgebungstaat*). Em tais condições, o positivismo faz da vontade expressamente legislada a única fonte do Direito. Embora, como Schmitt, possamos compreender as virtudes da batalha pela predominância do Estado legislador, para Schmitt, o positivismo acaba fazendo uma miscelânea entre duas forças opostas: o decisionismo e o normativismo:

> *El positivismo es tácitamente decisionista, puesto que reconoce como única fuente estatutaria del derecho la decisión soberana del legislador. Pero interpreta esta decisión según una perspectiva normativista; una vez adquirida la forma legal, la decisión tiene para él la fuerza de una norma incondicionada: presupone así, según los términos mismos de Jellinek, una "fuerza normativa de lo fáctico". Por tanto, en el positivismo jurídico hay un equívoco, que transcribe, por lo demás, su comprensión de la positividad. El derecho positivo es, en primer lugar, lo que quiere el legislador; pero la ley promulgada se separa, por así decir, de la decisión que la instaura como hecho jurídico y se convierte en una norma autosuficiente, "positiva", por estar dotada de una racionalidad intrínseca que la exégesis erudita y la jurisprudencia se encargan precisamente de reconstruir.*[199]

---

[198] KERVÉGAN, Jean-François. **Hegel, Carl Schmitt**. Lo político: entre especulación y positividad. 1. ed. Madrid: Escolar e Mayo Editores, 2007. p. 31.

[199] KERVÉGAN, Jean-François. **Hegel, Carl Schmitt**. Lo político: entre especulación y positividad. p. 32.

Para Schmitt, ao fazer da ordem jurídica um sistema fechado de normas o positivismo peca, pois inverte a prioridade da decisão como forma absoluta de aplicar o arcabouço normativo que ao fim e ao cabo se transformou e se transforma em virtude da noção absoluta de Constituição.

O conceito absoluto da norma fundamental do Estado passa pelo momento da decisão dos agentes do Estado, administrativos ou judiciais, ou até mesmo do próprio receptor da norma, o povo. O momento em que surge o Direito é o momento em que se decide sobre um caso concreto.

Como magistralmente explica Ronaldo Porto Macedo Júnior:

> Ao analisar o decisionismo jurídico, Schmitt observa que "juridicamente podemos encontrar o último fundamento jurídico de todas e quaisquer validades e valores de direito em um processo volitivo, uma decisão enquanto tal cria o "direito" e cuja "força jurídica" (*Rechskraft*) não pode ser derivada da força jurídica de regras de decisão, pois mesmo uma decisão que não corresponde à regra cria direito. Essa força jurídica de decisões contrárias à norma pertence a todo e qualquer "ordenamento jurídico".[200]

O Direito, ao contrário do puro normativismo, tem sua concretude na decisão do agente estatal, e não necessariamente na criação legiferante do aparato estatal. Relembrando sua frase triunfal de que "soberano é aquele que decide na exceção", podemos inferir que a exceção diária é o caso concreto, e soberano é aquele que decidirá o direito aplicável sobre o conflito de acordo com o sistema normativo vigente ou criará uma nova decisão que ponha fim à lesão surgida.

Essa conceituação é fundamental para analisarmos os dois tópicos seguintes quando nos deparamos com a refutação da jurisdicionalização do poder político, analisando as teses de Kelsen e Schmitt sobre o verdadeiro Guardião da Constituição. E, posteriormente, com a formação da Constituição Econômica do Estado. Está ela vinculada absolutamente a uma norma superior que a cria, transforma e regra, ou ela é resultado da facticidade da vida, cujas consequências não podemos mais ignorar, tendo em vista a debilidade da fórmula parlamentar atual? Não estamos diante da constatação de um motor legislador, de um corpo autônomo de legisladores que procura normatizar cada campo de que a técnica necessita para sobreviver?

---

[200] MACEDO JÚNIOR, Ronaldo Porto. **Carl Schmitt e a fundamentação do Direito**. 2. ed. São Paulo : Saraiva, 2011. p. 35.

4 É indispensável um Guardião constitucional jurisdicional?

Para responder a essa pergunta e a alguns questionamentos acerca das teorias de Hans Kelsen e Carl Schmitt é imperioso que recordemos alguns pontos do pensamento de ambos para podermos dar uma resposta satisfatória de como são conduzidas, hoje, as cortes ou os tribunais constitucionais do Ocidente.

Na teorização de Kelsen era indispensável à Ciência Jurídica a formação de uma teoria independente não apenas das Ciências Sociais, mas de qualquer julgamento que envolvesse valores. Era necessário constituir uma Teoria Pura do Direito sem que as interferências da vida social e política pudessem afetar sua concepção e sua aplicação.

Como se isso fosse possível, alguns pontos dessa construção refletem contradições até mesmo de sua própria teorização da democracia política. Para Pasquale Pasquino a doutrina democrática desenvolvida por Kelsen parte, essencialmente, da concepção francesa clássica (rousseaunismo + representatividade), que faz do Poder Legislativo o centro do sistema, e é do princípio eleitoral que ele retira a essência da legitimidade política.[201] Pode-se inferir que Kelsen deseja não se conformar com a teorização de soberania popular descrita por Rousseau de que a representação é uma falsificação do princípio democrático que exige escolha direta, sem representação do governante. Contudo, como Kelsen tem o poder representativo como centro do sistema democrático é contraditório trazer para a equação o controle político de algumas questões por um órgão não político, como o Poder Judiciário.[202]

Como afirma PASQUINO, a teorização de Kelsen não difere muito dos doutrinadores franceses do século XIX, que descreviam o Poder Judiciário como um poder abaixo da escala política dos poderes.[203]

---

[201] PASQUINO, Pasquale. Cour Constitutionelle et théorie de la démocratie. *In* : BEAUD, Olivier; PASQUINO, Pasquale. **La controverse sur « le gardien de la constitution » et la justice constitutionelle** – Kelsen contre Schmitt. 1ᵉʳ ed. Paris: Editions Panthéon Assas, 2007. p. 29.

[202] "A democracia moderna só viverá se o parlamentarismo se revelar um instrumento capaz de resolver as questões sociais do nosso tempo. É certo que democracia e parlamentarismo não são idênticos. Mas, uma vez que para o Estado moderno a aplicação de uma democracia direta é praticamente impossível, não se pode duvidar seriamente de que o parlamentarismo seja a única forma real possível da ideia de democracia. Por isso, o destino do parlamentarismo decidirá também o destino da democracia" (KELSEN, Hans. **A democracia**. 1. ed. São Paulo: Martins Fontes, 1993. p. 46).

[203] PASQUINO, Pasquale. **La controverse sur « le gardien de la constitution » et la justice constitutionelle** – Kelsen contre Schmitt., p. 29.

Desde a instalação dos Parlements no Antigo Regime, em 1341, em plena Idade Média, o povo francês sempre identificou a função jurisdicional como uma função nobiliárquica. A partir da Fronda, de 1648 a 1652, os Parlements franceses começam a reivindicar o controle sobre as políticas reais. Com idas e vindas durante o período do Absolutismo os Parlements se erigem, eles próprios, em casa ratificadora dos éditos reais, tentando reduzir o poder real. Não obstante essa atuação eles não atraem as simpatias populares, já que agiam por interesses próprios. Com a Revolução de 1789, que aboliu a servidão, o décimo (*La Dîme*), que era um tributo dirigido à Igreja e à *Taille Royal,* os Parlements também são abolidos em 1790 e substituídos por juízes eleitos ou indicados pelo Estado. Ainda assim, na abstração popular o poder judicial é encarado como um poder que servira ao Rei e aos nobres, daí a aversão produzida e a necessidade de controlá-lo conferindo mais poderes à assembleia nacional.

O Juiz, como autômato das leis produzidas pelo Parlamento (*le juge c'est la bouche de la loi!*), se contrapõe à concepção do Juiz que produz o Direito a partir da interpretação. Na teorização de Kelsen, a democracia surge como fundação de um compromisso entre maioria e minoria parlamentar, e, ademais, o controle jurisdicional sobre a constitucionalidade das leis. Mas como lembra PASQUINO, se maioria e minoria entram em acordo e chegam a uma conclusão sobre a necessidade e a conformidade constitucionais de uma nova lei,[204] como poderá o Poder Judiciário agir para desconstruir o edifício político-parlamentar?[205]

Segundo as próprias palavras de PASQUINO, "uma coisa é frear a maioria, outra coisa, muito mais arriscada e difícil para uma corte, é se opor a uma supermaioria que controla *de facto* a Constituição rígida".[206]

Uma segunda proposição desenvolvida pelo próprio PASQUINO é que o sistema de controle jurisdicional de Kelsen não pode se basear apenas

---

[204] "O fato de o ponto capital da ação do princípio majoritário não ser a maioria numérica está intimamente ligado ao fato de não existir na realidade social um domínio absoluto da maioria sobre a minoria, porque a vontade geral, formada segundo o chamado princípio da maioria, não se manifesta sob a forma de *diktat* imposto pela maioria à minoria, mas como resultado da influência mútua exercida pelos dois grupos como resultante do embate das orientações políticas de suas vontades. Uma ditadura da maioria sobre a minoria não é possível, em longo prazo, pelo simples fato de que uma minoria condenada a não exercer absolutamente influência alguma acabará por renunciar à participação – apenas formal e, por isso, para ela sem valor e até danosa – na formação da vontade geral, privando, com isso, a maioria – que por definição não é possível sem a minoria – de seu próprio caráter de maioria" (KELSEN, Hans. **A democracia**. p. 69-70).

[205] PASQUINO, Pasquale. **La controverse sur « le gardien de la constitution » et la justice constitutionelle** – Kelsen contre Schmitt. p. 29.

[206] PASQUINO, Pasquale. **La controverse sur « le gardien de la constitution » et la justice constitutionelle** – Kelsen contre Schmitt. p. 29.

5 O Guardião da Constituição e os Poderes Neutrais

na sua teorização democrática, deve se basear também sobre a teorização da hierarquização das normas. Mesmo que existam dentro do Parlamento comissões responsáveis pela aferição da constitucionalidade, mesmo que exista o controle do soberano sobre a promulgação das leis, para Kelsen é indispensável que exista uma *exigência de coerência* de todo o sistema. O mesmo órgão de onde promanam as leis (Parlamento) ou de onde promanam a vontade da lei e a sua aplicação (Soberano) não pode ser o único a apreciar a conformação das mesmas à vontade do legislador constituinte que decidiu pela criação da norma fundamental, por isso indispensável à atuação de um terceiro poder para aferir o respeito à hierarquização das normas promulgadas.

Para Kelsen, as leis ordinárias podem ser reflexo da produção de uma maioria transitória no seio parlamentar, enquanto a Constituição é a criação da nação reunida e com vontade expressa de fundar uma nova ordem, ainda que sob o pálio da representação. Por isso, deve existir um poder que analise a vontade das maiorias temporárias em relação ao texto primeiro promulgado pela nação representada. Mais uma vez, ainda que sob a inspiração da hierarquização das normas, o pensamento Kelseniano contrapõe a sua construção democrática de maioria, pois ao construí-la não a qualificou como elitista ou transitória. Se há uma supermaioria, como permitir que outro órgão examine a aplicação de uma lei votada pelo poder popular representado?

Parece que Kelsen, ao produzir um sistema de interpretação e controle da norma emanada do Parlamento, se dirigia muito mais a pensadores pré-democráticos, como Montesquieu, do que propriamente a uma era democrática. Montesquieu desenvolve um sistema divisionário de Estado para que nenhuma das esferas possa se "absolutizar". Era necessário o controle harmônico entre os entes, e não o controle hierárquico, como acontecia na Monarquia Absoluta e deixa de ocorrer, pelo menos em forma, na Democracia, já que nesta a norma emana da assembleia popular reunida em nome da maioria em acordo com a minoria.

Efetivamente, o modelo Kelseniano foi espargido pelo mundo ocidental, sobretudo a partir da Segunda Grande Guerra, e continua a ser adotado pela maioria das nações que tripartem o poder, relegando a interpretação da norma ao Poder Judiciário. No início do século XXI, a própria França permitiu que seu Conselho Constitucional adotasse o controle difuso de constitucionalidade após a entrada em vigor da lei, o que antes era feito de forma prévia, de modo que a norma não criava lesões ou expectativas antes do exame do Conselho Constitucional.[207]

---

[207] Lei Constitucional nº 2008-724, de 23 de julho de 2008. O Conselho Constitucional foi autorizado a examinar qualquer declaração de inconstitucionalidade partida do Conselho

A teorização de Kelsen pode muito bem ter uma justificação funcional, sobre a necessidade da última palavra em termos de interpretação da norma produzida pelos demais órgãos estatais, mas pela sua própria concepção acerca da Democracia ela é antidemocrática, já que o órgão máximo constitucional poderá desconstruir as conquistas observadas no seio assemblear. **Não que isto não seja possível, mas não coaduna com sua construção teórica**. Para justificar os efeitos de sua teorização ele desenvolve os conceitos interpretativos das normas, um deles seria o da interpretação autêntica, aquele que é proclamado pelo órgão responsável pela ordem normativa emanada do seio assemblear.

Para Kelsen,

> Na verdade, só se fala de interpretação autêntica quando esta interpretação assume a forma de uma lei ou um tratado de Direito Internacional e tem caráter geral, quer dizer, cria Direito não apenas para um caso concreto, mas para todos os casos iguais, ou seja, quando o ato designado como interpretação autêntica represente a produção de uma norma geral. Mas autêntica, isto é, criadora de Direito é a interpretação feita por meio de um órgão aplicador do Direito ainda quando cria Direito apenas para um caso concreto, quer dizer, quando esse órgão apenas crie uma norma individual ou execute uma sanção. A propósito importa notar que, pela via da interpretação autêntica, quer dizer, da interpretação de uma norma pelo órgão jurídico que a tem de aplicar, não somente se realiza uma das possibilidades reveladas pela interpretação cognoscitiva da mesma norma como também se pode produzir uma norma que se situe completamente fora da moldura que a norma representa.[208]

No arrazoado kelseniano não se defende peremptoriamente a interpretação por um órgão máximo aplicador do Direito, mas daqui se depreende que os órgãos aplicadores do Direito, independentemente da escala hierárquica em que se encontrem, podem perquirir acerca de outra interpretação que não seja exatamente aquela que lhe tenha dado o órgão parlamentar ou as autoridades administrativas. Não seria, pois, a construção de uma epistemologia conceitual a atuação deste órgão?

---

de Estado (Conseil d'État) ou da Corte de Cassação (Cour de Cassation) (art. 61-1 da Constituição de 1958). A disposição declarada inconstitucional sob o fundamento do art. 61-1 será ab-rogada desde a publicação do Conselho Constitucional ou de outra data por ele mesmo fixada. O Conselho Constitucional determina as condições e os limites dentre os quais os efeitos da disposição inconstitucional produzida serão revistos (art. 62 da Constituição de 1958).

[208] KELSEN, Hans. **Teoria pura do direto**. 6. ed. São Paulo: Martins Fontes, 1998. p. 394.

Kelsen, linhas à frente, nega enfaticamente o que ele chama de jurisprudência de conceitos, a criação de novas interpretações sobre as normas positivas, mas não afasta o estabelecimento das "possíveis significações de uma norma jurídica".[209] Ao fim e ao cabo ele insere no intricado pensamento sobre a Teoria Pura a existência de um Tribunal Constitucional que controla toda a normatização implementada no país, podendo este tribunal invalidar uma norma que tenha sido votada pela maioria parlamentar. Este modelo vige até hoje, e é um dos mais adotados pelas organizações políticas dos países ocidentais; no entanto, Carl Schmitt alerta-nos sobre a transposição de resoluções importantes, ou até mesmo de "exceção", por um órgão que não está capacitado tecnicamente para responder aos desafios da era econômica interpretando a Constituição Econômica.

5 O guardião político

A primeira premissa que devemos ter em conta é que a problematização desenvolvida por Schmitt é feita no cenário das conturbadas idiossincrasias interpretativas da Constituição de Weimar nas agitadas décadas de 1920 e início de 1930 na Alemanha. Da mesma forma, Kelsen desenvolve a sua formação constitucional de um tribunal supremo na Áustria do pós-guerra. Kelsen havia servido ao Exército Imperial no setor administrativo e se destacara como assessor direto do Comandante Geral das Forças Armadas Imperiais Austro-Húngaras, Conde Franz Conrad von Hötzendorf. Finalizada a guerra, Kelsen tomará a importante tarefa de ajudar a escrever a primeira Constituição republicana austríaca e será o primeiro Ministro da recente Corte Constitucional criada.

Inicialmente, Schmitt quer produzir uma teorização de um **Guardião Político** da Constituição Alemã, não desprezando a construção de uma modelagem de controle jurisdicional pelo sistema judiciário do país. Aliás, o sistema de controle concentrado de constitucionalidade das leis já havia sido implantado em alguns países no entreguerras, sobretudo na Áustria, na Tchecoslováquia e, em certos aspectos, até mesmo na própria Alemanha.[210]

Mesmo que registremos tentativas anteriores do desenvolvimento da tese de um Guardião da Constituição, especialmente na Antiguidade e no Medievo, a tese de Schmitt é inovadora no contexto pelo

---

[209] KELSEN, Hans. **Teoria pura do direto**. p. 395.
[210] AVRIL, Pierre. Le Gardien de la Constitution de Carl Schmitt. Éléments sur les paradoxes d'une « Théorie » Constitutionnelle Douteuse. *In*: BEAUD, Olivier; PASQUINO, Pascale. **La controverse sur « le gardien de la Constitution » et la justice constitutionnelle –** Kelsen contre Schmitt. p. 35.

qual passava a Alemanha, tendo em vista o modo preponderante que o modelo do controle Judiciário já tomava ao tempo dos escritos que Schmitt fizera sobre o Guardião. Nem se pode justificar a sua "tese" sob as premissas de uma justificação e apoio ao regime que se instaurou na Alemanha a partir de 30 de janeiro de 1933, pois Schmitt desenvolve seu artigo, depois transformado em livro, em 1929. Sua preocupação era justamente apoiar politicamente uma saída constitucional para a instabilidade alemã, onde imperavam os radicalismos e os assassinatos de adversários políticos.

Embora não negasse o controle jurisdicional, em 1928 ele é convidado e aceita escrever um artigo em uma obra coletiva destinada à comemoração dos 50 anos do Tribunal do Reich (*Reichsgericht*), onde desenvolve com veemência argumentos contrários ao controle jurisdicional de constitucionalidade das leis exercido por um Tribunal ou até mesmo por juízes singulares. Se ele não nega a efetividade do controle, ele deseja impor limites à sua atuação.[211]

Em 1929, vem o seu conhecido artigo sobre o Guardião da Constituição (*Der Hütter der Verfassung*), e, em 1931, Schmitt publica a obra que conhecemos com vários acréscimos. Sua atuação principal foi quando da intervenção presidencial no Estado da Prússia, no momento em que este e outros Estados alemães foram à Corte de Leipzig contestar a legitimidade da intervenção e Schmitt pôde se apresentar à Corte para expor sua tese de que havia certamente uma diferença entre o controle político e o controle jurisdicional de interpretação da Constituição, sobretudo sobre a aplicação do art. 48, que autorizava o Presidente do Reich a tomar medidas extraordinárias em casos excepcionais de grave ameaça à ordem interna da Federação.

As teses de Schmitt sobre o Guardião da Constituição não podem e não devem ter qualquer vinculação com a decadência acelerada da Constituição de Weimar, sobretudo a partir de 1930. Antes desses fatos ele já defendia uma atuação efetiva do Presidente do Reich na defesa da Constituição.

> A ditadura comissária por parte do *Reichspräsident* tem por fim, após o artigo 48, proteger e defender a ordem e a segurança públicas, quer dizer, defender a Constituição em vigor. Proteção da Constituição e proteção de toda disposição infraconstitucional não são idênticos. Inviolabilidade da Constituição e inviolabilidade da lei infraconstitucional são distintos. Se acordamos acerca da

---

[211] AVRIL, Pierre. *In*: BEAUD, Olivier; PASQUINO, Pascale. **La controverse sur « le gardien de la Constitution » et la justice constitutionnelle** – Kelsen contre Schmitt. p. 38.

inviolabilidade das disposições constitucionais, mesmo diante de poderes excepcionais, isto tem como consequência o sacrifício da proteção da Constituição em um senso positivo e substancial em relação à proteção da lei constitucional em seu senso relativo e formal. A finalidade do art. 48, § 2º é, portanto, pervertida em senso contrário: não é a Constituição que é inviolável, mas as disposições particulares das leis constitucionais; se estas fossem "invioláveis", elas representariam um obstáculo insuperável a uma proteção eficaz da Constituição.[212]

Schmitt defende que a ossatura constitutiva da Constituição seja inviolável, mas não as leis infraconstitucionais que eventualmente regulamentem dispositivos constitucionais, ou, até mesmo, emendas constitucionais pósteras.

Com o surgimento de constituições minuciosas que garantem vários direitos em textos extensos e extenuantes, para Schmitt é difícil determinar com precisão se um juiz que examina o caso concreto pode ou não pode estar reexaminando uma disposição constitucional. Schmitt já admitia, há algum tempo, desde seus escritos de 1912 (*Gesetz und Urteil*), a possibilidade da ação do Poder Judiciário no exame de casos concretos, mas para ele é a própria autoridade criadora da norma que deve determinar se se trata de uma deliberação constitucional ou infraconstitucional, e não se pode permitir ao Poder Judiciário esta amplitude de decisão.

Ao reafirmar a possibilidade de o Juiz atuar no caso concreto, Schmitt preconiza que ele deve basear sua decisão não necessariamente em uma norma positiva, mas deve decidir com os elementos que possui para que a decisão seja da melhor forma possível de acordo com a sua própria consciência e com a consciência estatal (Constituição). **O que ele realmente quer é a separação formal do que seja jurisdicional do que seja político. Há matérias que são estritamente de cunho político, em que o Poder Judiciário não pode e não deve interferir.**

Podemos inferir que, sobretudo, em matéria de decisões políticas não pode haver exame judicial, ou, pelo menos, não deve existir decisão judicial de problemas essencialmente políticos. Todas as disposições constitucionais engendram fatores políticos?

A promulgação de uma Constituição é a escolha da maioria de um povo ou da ação do povo em revolução. A sua essência é política. Se pudéssemos nos ater à modelagem constitucional dos séculos XVIII e XIX a

---

[212] SCHMITT, Carl. **Théorie de la constitution**. p. 250.

Carl Schmitt - Valores, Técnica, Economicidade e Guardião da Constituição

essência constitucional seria apenas a limitação ao poder, a organização do Estado e o modelo econômico a ser seguido.[213] Com o advento das constituições-garantia todo um espectro de assuntos que eram tratados de forma infraconstitucional são trazidos ao texto constitucional e tudo passa a ter força constitucional.

Força constitucional poderia significar decisão política, se mirássemos apenas a teorização dos séculos anteriores. Com a teorização surgida nos séculos XX e XXI nem tudo o que contém a Constituição pode ser considerado como ossatura essencial do Político. A atualidade de Schmitt está na interpretação do que seja o Político dentro do texto constitucional. Ao assumirmos a prevalência dos pais fundadores do constitucionalismo, o que é Político restringe-se à limitação do poder, à organização do Estado e à escolha do modelo econômico.

Sobre esses assuntos que são essencialmente políticos não deve interferir o Poder Judiciário. Agindo contrariamente a esta preceituação, Schmitt afirma diversas vezes que caminhamos para a sentença de Guizot, segundo a qual, ao alargar as funções judiciais aos assuntos estatais corremos o risco "não de jurisdicionalizar a política, mas pelo contrário, corremos o risco de politizar a Justiça" ("*Es würde nicht etwa die Politik juridifiziert, sondern die Justiz politisiert*").[214]

Schmitt permite que o Juiz ordinário exerça um papel importante para o controle jurisdicional da Constituição, como o fazem todos os órgãos estatais ao examinar uma norma promulgada pelo Parlamento, e examine sua coerência com o texto constitucional. Até mesmo qualquer cidadão tem o poder de aferir se a norma que o atinge, permitindo ou proibindo o exercício de um direito, está ou não de acordo com o texto constitucional. O papel do Judiciário, nesses casos, é uma atribuição ordinária da função jurisdicional, e ela deve existir para justamente controlar a constitucionalidade das leis infraconstitucionais e sua adequação a todo o sistema normativo já existente.

---

[213] Há, é verdade, a existência da Declaração dos Direitos do Homem e do Cidadão de outubro de 1789. Nesta Declaração, que serve como preâmbulo da Constituição de 1791 e é texto normativo até os dias atuais na França, há certo número de dispositivos criadores dos direitos que hoje identificamos como "fundamentais", mas há também a proteção individual contra a tirania estatal. Na miragem representativa da época, a tirania estatal era representada pela ação dos *Parlements* nobiliárquicos (misto de órgão legislador e julgador) e pela ação do Rei que insistia em participar do processo legislativo com direito de veto parcial ou absoluto. Reconhecemos que a Declaração dos Direitos do Homem e do Cidadão se trata de um texto com caráter constitucional e não tem elementos apenas protetivos do homem em face do Estado. Há também criação de direitos fundamentais.

[214] AVRIL, Pierre. *In*: BEAUD, Olivier; PASQUINO, Pascale. **La controverse sur « le gardien de la Constitution » et la justice constitutionnelle** – Kelsen contre Schmitt. p. 42.

5 O Guardião da Constituição e os Poderes Neutrais

Para Schmitt, a interferência judicial em assuntos políticos, em muitas ocasiões, pode ser extremamente tardia. Mesmo diante do alcance de poderes concentrados e extraordinários em situações extremas, o Poder Judiciário, em sua essência, demanda necessariamente o contraditório, a transparência e a indispensável delonga na produção de provas. Politicamente, o Poder Judiciário está fadado a sempre atuar tardiamente, por isso a negação de Schmitt para o controle político pela "aristocracia de robe".[215]

Desde o artigo escrito em homenagem aos 50 anos do Tribunal do Reich, Schmitt desenvolve a noção de que a Constituição não é apenas uma lei escrita e de valor superior às leis ordinárias, em verdade, o texto constitucional é uma Constituição no senso positivo, uma exteriorização de toda a vontade popular contida na representação. O senso positivo é a extremação da vontade geral, assim o guardião desta vontade popular não pode ser outro que não um órgão essencialmente político, um órgão que tenha representação popular. Se o Estado é uma unidade política e não um compromisso entre poderes, afinal os poderes são constituídos pelo texto constitucional emanado da vontade soberana popular, a Constituição deste Estado único deve ser uma Constituição de Estado (*Staatsverfassung*) e não uma Constituição jurisdicional (*Gerichtsverfassung*).

Na concepção de Schmitt, o Estado essencialmente judicializado era o Estado Medieval, ainda que quem agisse sobre as contendas era um emissário real. O Estado moderno é o Estado técnico, o Estado econômico que demanda ação rápida e compreensiva das particularidades de todas as suas divisões. A função pública controladora deve ser uma função profissional e, às vezes, armada, se necessário for. A razão estatal moderna não está nas normas criadas, mas sobre a sua própria existência política.[216] E esta existência está calcada na tentativa de controle dos limites da técnica, no controle do Estado tecnicizado, no controle do Estado que se economizou completamente.

A concepção schmittiana é que a Constituição não pode ser apenas uma norma escrita superior às demais. Ela é um pacto fundante e absorvente das funções do Estado (organização administrativa) e não pode ficar à mercê de interpretações judiciais. O seu controle e a sua interpretação devem ser exercidos pelos poderes políticos. No caso de uma refundação age o poder revolucionário ou a representação especialmente convocada, no caso de uma reforma age o Poder Legislativo constituído.

---

[215] *In*: BEAUD, Olivier; PASQUINO, Pascale. **La controverse sur « le gardien de la Constitution » et la justice constitutionnelle** – Kelsen contre Schmitt. p. 43.
[216] In BEAUD, Olivier; PASQUINO, Pascale. **La controverse sur « le gardien de la Constitution » et la justice constitutionnelle** – Kelsen contre Schmitt. p. 43.

Carl Schmitt - Valores, Técnica, Economicidade e Guardião da Constituição

Nas exceções, nas situações onde não se prescinde de uma firme atuação, quem age é o Poder Executivo com todos os seus braços e capacidades de controlar as emergências da vida moderna. O destino do Estado segue o destino do Chefe de Estado:

> Além disso, a fórmula de um "poder neutro", que foi primeiramente imaginada apenas para o chefe de Estado e, para isso, mantém seu especial significado constitucional, também pode ser ainda expandida para a teoria geral do Estado e aplicada para o Estado em sua totalidade. Em certo sentido, pelo menos em alguns Estados, o destino do Estado seguiu o destino do chefe de Estado e o Estado transformou-se, em larga escala, perante antagonismos sociais e econômicos da sociedade, em uma instância "meramente" neutra.[217]

6 A Constituição Econômica

Na época em que escrevia sua obra sobre o Guardião da Constituição, Schmitt já detectara que as constituições daquele período não refletiam o movimento portentoso da economicidade da vida. Para Schmitt, o que existia naquela época eram constituições meramente "políticas", que ignoravam as grandezas e os poderes econômicos como tais e pareciam estar neutras perante a economia.[218]

Mesmo que reconheçamos no próprio regramento da vida social a existência de uma Constituição comportamental, Schmitt preconiza que a Constituição que se busca transformar é o texto fundamental que erige o arcabouço jurídico em que as normas e a vida dos cidadãos continuam a ser regradas. **Sob este ponto de vista, mesmo as constituições mais modernas à época, como a de Weimar, de 1919, e a Constituição Política dos Estados Unidos Mexicanos, de 1917, ainda tinham uma visão do homem como "cidadão" e não como produtor de riquezas.**

Para Schmitt, a Constituição de Weimar recusara a assunção de uma Constituição Econômica ao estabelecer em seu art. 165 a existência de Conselhos de trabalhadores, empregadores e representantes do Estado.[219] A expressão

---

[217] SCHMITT, Carl. **O guardião da constituição**. p. 207.
[218] SCHMITT, Carl. **O guardião da constituição**. p. 141.
[219] Livre tradução do art. 165 da Constituição de Weimar: "**Artigo 165**. Trabalhadores e empregados devem ser chamados a cooperar com seus empregadores, e de forma igual, na determinação de salários e condições de trabalho, como também em todo o espectro do desenvolvimento econômico das forças de produção. A organização em ambos os lados e os acordos celebrados devem ser reconhecidos pelo Estado.

5 O Guardião da Constituição e os Poderes Neutrais

que Schmitt utiliza é esta: "a ancoragem do sistema de conselhos no art. 165 da Constituição do Reich deveria, como expressamente salientado, ter apenas um significado econômico e não de organização estatal".[220]

Parece-nos que Schmitt deseja demonstrar que a intromissão estatal na esfera econômica não deveria ser produzida como fora neste artigo ou que, se houver a necessidade da intromissão política, ela deveria se dar de um modo completamente diferente, ou seja, esta intromissão deveria ser completa. Uma completa subsunção da economia à direção estatal. O artigo traz nitidamente uma noção social de organização das forças produtivas e a submissão de certas políticas a Conselhos de Fábricas, Conselhos Distritais e, eventualmente, ao Conselho Nacional do Reich. Mirando-se já no desenvolvimento econômico da época, o excesso de esferas de discussão leva à instabilidade e à eventual paralisação dos centros de produção.

O que o sistema econômico necessita é da constituição de uma base livre das ingerências sociopolíticas, mas se estas existirem não devem se sobrepor às representações políticas já existentes (*Reichstag*). Caso o art. 165 fosse aplicado estaria a Alemanha diante de duas esferas de decisão econômica: os diversos Conselhos e o Reichstag.

Para Schmitt, o Reichstag da época estava diretamente atrelado ainda a uma visão feudal de sua composição. Os grupos se formavam segundo ordens seculares que ainda influenciavam as diretrizes governamentais.

Trabalhadores e empregados devem, para o propósito de seus interesses econômicos e sociais, possuir representação nos Conselhos de Fábrica, como também nos Conselhos distritais organizados com base nas áreas econômicas e no Conselho de Trabalhadores do Reich.

Os Conselhos distritais e o Conselho de Trabalhadores do Reich devem se encontrar com os representantes dos empregadores e outros eventuais interessados, como os Conselhos dos Distritos Econômicos do Reich para o fim de melhorar as funções do desenvolvimento econômico e a cooperação na execução das leis de socialização.

Os Conselhos econômicos distritais e o Conselho Econômico do Reich devem se constituir de forma que todos os principais grupos econômicos devem estar representados proporcionalmente à sua importância econômica e social.

O Ministro Nacional deve, fazendo propostas de fundamental importância sociopolítica e político-econômica submetê-las ao Conselho Econômico do Reich para exame. O Conselho Econômico do Reich deve, ele próprio, ter o direito de iniciar tais proposições. Se o Ministro Nacional não aceitá-las, deve ele, no entanto, apresentar tais proposições ao *Reichstag* (Parlamento) acompanhadas de suas opiniões sobre as proposições. O Conselho Econômico do Reich pode designar um de seus membros ante o *Reichstag* (Parlamento) para defender a sua proposta.

Poderes de controle e administração devem ser deferidos aos trabalhadores e Conselhos Econômicos nas competências a si atribuídas.

A regulação do desenvolvimento e funções dos Conselhos de Trabalhadores e Econômicos, como também as relações com outras entidades administrativas autônomas sociais devem ser, exclusivamente, assunto do Reich".

[220] Schmitt, Carl. **O guardião da constituição**. p. 142.

Carl Schmitt - Valores, Técnica, Economicidade e Guardião da Constituição

A queda da Monarquia não derrubara abruptamente o sistema monárquico, hierarquizado e burocratizado. Muitos candidatos ainda continuavam a ser escolhidos pelos seus antepassados, pelos serviços prestados por suas famílias ao Reich alemão e não por mérito próprio, diante das novas realidades que se apresentavam. Para Schmitt, era necessário modificar a escolha dos candidatos que iriam conduzir o Reichstag numa era econômica. Os novos membros deveriam estar preparados para a totalidade econômica que já conquistara os contornos sociais. **Independente da composição dos parlamentos, Schmitt afirmava que "as massas dos atuais eleitores vão continuar a se agrupar segundo interesses econômicos, e nenhuma lei pode decretar o fim disso".[221]**

Se naquele momento que a nação alemã vivia a forma de transcender a formação parlamentar ou a organização social fosse a criação de Conselhos, mesmo que nos deparássemos com eventuais injustiças nas constituições desses Conselhos e sindicatos, o que Schmitt questiona é se esta forma é realmente válida para a era econômica, se a existência de tantos grupos antagônicos não traria apenas mais instabilidades à formação de uma vontade econômica hegemônica.[222]

É nesse momento que Schmitt demonstra sua completa aversão ao conflito de classes e à necessidade de organização de uma Constituição absolutamente econômica, com o Estado tomando as rédeas de todo o espectro econômico: "O sistema da Constituição Econômica não tem aqui absolutamente o objetivo de tornar a economia livre e autônoma, mas, ao contrário, de entregá-la na mão do Estado e de submetê-la a ele".[223]

É possível que no momento em que escreveu aquelas linhas ele desejasse que a Alemanha tivesse uma organização hegemônica nos moldes do *Stato Corporativo* italiano. Era necessário formar-se uma geração econômica de políticos que soubessem lidar com os constantes litígios entre as duas grandes correntes de pensamento produzidas na época, o comunismo e o capitalismo.

---

[221] Schmitt, Carl. **O guardião da constituição**. p. 145.

[222] "Os antagonismos econômicos e sociais não seriam resolvidos e suprimidos, mas se distinguiriam de forma mais aberta e mais desconsiderada, pois os grupos disputantes não mais seriam obrigados a tomar um desvio por eleições populares gerais e uma representação popular. É muito notável que hoje apenas dois Estados tenham tais constituições econômicas, a Rússia comunista com um sistema soviético e a Itália fascista com seu *stato corporativo*. São dois países, em grande parte, ainda agrícolas, que não estão de forma alguma no ápice do desenvolvimento econômico e do progresso industrial e dos quais todos sabemos que sua Constituição Econômica se encontra à sombra de uma organização partidária rigidamente centralizada e do chamado Estado unipartidário" (SCHMITT, Carl. **O guardião da constituição**. p. 146).

[223] SCHMITT, Carl. **O guardião da constituição**. p. 146.

5 O Guardião da Constituição e os Poderes Neutrais

O modelo econômico constitucional, seguido tanto pela Alemanha nacional-socialista quanto pelo Estado corporativo italiano, era abertamente favorável a limitações da liberdade para as forças do capital. Muito cedo concluíram que, apesar de o Estado conduzir o fim dos conflitos participando da vida econômica das grandes indústrias, a força da economia de mercado estava em sua capacidade de se afastar cada vez mais do Estado e construir uma autorregulação autônoma que a libertasse simultaneamente dos conflitos com a classe trabalhadora e com os milhares de regulamentos e normas inferiores que conduziam a uma lentidão no processo produtivo.

Obviamente que em tempos de guerra não se vislumbrava em solo europeu o que na América já se desenvolvia a largos passos, ou seja, a criação de agências ou órgãos técnicos especializados em regular o funcionamento dos grandes conglomerados. O Federal Reserve System foi criado pelos norte-americanos em dezembro de 1913. Nesse momento, entreguerras e durante a Segunda Guerra os europeus tinham a preocupação da direção total da economia para atender o esforço de guerra.

Por isso, não podemos inferir como muitos doutrinadores que resgatam as lições de Schmitt neste início de século XXI que nosso escritor conduzisse peroração sobre a hegemonia estatal de todas as esferas da vida econômica da nação. Não havia nos idos de seus escritos, 1927 e 1928, uma forte preocupação com o binômio estatal-privado. É verdade que Schmitt já identificara o desenvolvimento do Estado Social e seu caminho englobante, mas dessas teorizações não é possível retirar um ideário de incentivo ao Estado econômico conduzido por empresas ou órgãos meramente estatais.

O que preconizava Schmitt ao entregar a economia nas mãos do Estado era, em verdade, poder controlar o movimento centrípeto de uma economia centrífuga que procurava produzir suas próprias normas e livrar-se das amarras da burocratização estatal. O Estado deveria ser participante para evitar o abuso, a formação do monopólio e do oligopólio, o que comumente aconteceria durante todo o século XX. E, muitas vezes, esse movimento monopolizador se deu pelo próprio Estado produzindo mais ineficiência do que se tivesse se mantido na regulamentação e na fiscalização da economia privada produtiva.

Já estava em curso naquele momento, especialmente na Grã-Bretanha e nos Estados Unidos da América, a formação de agências independentes que conduziriam cada setor econômico tomando consciência de todas as minudências características de cada um deles. Era nesse modelo que Schmitt enxergava o eriçamento da formação de poderes neutrais que certamente

Carl Schmitt - Valores, Técnica, Economicidade e Guardião da Constituição

partiriam do Estado, mas uma vez criados poderiam proceder de forma autônoma visando tão somente à concretização do desenvolvimento econômico com um mínimo de ingerência política.

Schmitt já identificava na Alemanha dos anos 1930 movimentos suprapartidários que buscavam suplantar as inúmeras querelas partidárias do seio parlamentar que produziam apenas atrasos e instabilidades para o setor econômico pujante. Era necessário mover a centralidade do sistema para alguns pontos fora da vida parlamentar.[224]

Mais do que qualquer desejo em verificar o bom andamento, a essência da produção eficiente do novo sistema absolutamente econômico, a verdadeira preocupação de Schmitt era superar as querelas e tentativas de controle do pluripartidarismo sob a esfera econômica da nação:

> Outros poderes, sejam eles legais ou apócrifos, assumem voluntária e forçosamente, consciente ou semiconscientemente o papel do Estado e governam, a bem dizer, sub-repticiamente. Isso porque a "astuciada ideia", por força da qual deve se dar justamente no Parlamento a unidade volitiva de todo o povo, não depende de modo algum dos partidos coligados e dos *bureaux* dos grupos parlamentares, o Parlamento não tem nenhum monopólio imperdível em ser o único cenário da astúcia da ideia, e esta pode mudar facilmente de campo.[225]

É preciso resgatar que o militarismo prussiano aliado a uma burguesia rural que assumiu forças nos séculos XVIII e XIX (*Junkers*) engendrara um estado-funcionário, um estado-servidor que não tinha absolutamente, e nem poderia ter, qualquer ligação com partidos de quaisquer matizes. A vida urbana econômica se desenvolvera de tal modo que a partidarização do funcionamento do Estado apenas o tornava menos eficiente. Na era monárquica era possível compreender que parte da camarilha que servia ao aparato militar e aos serviços públicos incipientes ainda estivesse atrelada à aproximação com a família real ou seus amigos mais próximos.[226]

---

[224] "Se, além disso, os órgãos e instâncias constitucionalmente previstos ainda não forem capazes de uma vontade política uniforme, torna-se, assim, inevitável que a substância política emigre para alguns pontos do sistema social ou político" (SCHMITT, Carl. **O guardião da constituição**. p. 147).

[225] SCHMITT, Carl. **O guardião da constituição**. p. 147.

[226] São características de um modelo centralizador as políticas neoabsolutistas que eram praticadas tanto por Guilherme I, Rei da Prússia e imperador alemão, após 1871, quanto por Francisco José, imperador Austro-Húngaro, desde os conflitos de 1848. Desde muito cedo, mais os austríacos do que os alemães procuravam preencher os cargos na administração militar e civil com pessoas leais à Casa Imperial que não eram necessariamente pessoas com

5 O Guardião da Constituição e os Poderes Neutrais

Já no período de Weimar, Carl Schmitt identificava uma forte tendência à criação de um estado burocratizado composto de servidores de carreira que contavam com a estabilidade conferida por lei ou até mesmo pela Constituição. Mesmo que os partidos quisessem interferir de algum modo no preenchimento de alguns cargos, seu ideário era que o servidor que se desfilhasse do partido e passasse a ocupar um posto estável na administração, aos poucos, tomaria o sentimento corporativo que era característico do funcionalismo alemão.[227]

Ainda era inconcebível para Schmitt que, mesmo com a formação de um grande aparato administrativo corporativo, fosse possível que este mesmo organismo criasse regras específicas ou gerais que regrassem o seu modo de atuação. Nos seus escritos de 1927 e 1928, ele acreditava que as *funções neutrais* típicas do Estado burocratizado se resumiam à administração direta e à Justiça, e só poderiam construir um aparato autorizativo de suas atividades a partir de leis votadas pelo sistema pluripartidário. Compreensível para o início do estabelecimento de uma tomada de posição do estado técnico a sua afirmativa de que "Ele (corpo de funcionários) é incapaz de tomar por si a decisão política e determinar, sob as normas e critérios de sua tecnicidade, as diretrizes da política. Ele pode obstar, deter e nesses moldes acionar o seu efeito neutralizador, mas não decidir e governar no sentido verdadeiro da palavra".[228]

Percebe-se que para o momento que Schmitt vivia esse alerta sobre as limitações de atuação do corpo técnico do Estado era compreensível. Com o tempo esses corpos técnicos tornar-se-iam verdadeiros legisladores ou regulamentadores das atividades que eles próprios exerciam, quer fossem eles órgãos da Administração direta, quer fossem órgãos independentes, como podemos vislumbrar hoje com a tecnicalidade inscrita na criação de agências independentes. Mais do que notar a imperceptibilidade de

---

a devida proficiência do que faziam. Neste trecho da biografia de Francisco José pode-se identificar a maneira de pensar dos imperadores neoabsolutistas: « *Cette place privilégiée de l'armée dans l'État néo-absolutiste ne saurait non plus s'expliquer sans référence aux liens que l'unissent à François-Joseph. Le cours des événements depuis 1848 n'a pu que le confirmer dans l'attachement qu'il lui avait manifesté depuis son plus jeune âge. Il a notamment ancré dans la certitude qu'elle est la seule institution qui ne soit pas contaminée par les ferments de dissolution qui s'attaquent au corps de la Monarchie. Comme elle a été l'ultime bouclier de la Maison d'Autriche, il est enclin à voir en elle une armée essentiellement dynastique. En d'autres termes, sa conception de leurs rapports reste largement féodale* » (BLED, Jean-Paul. **François-Joseph**. 1er ed. Paris: Fayard, 1987. p. 176-177).

[227] "Os elementos do Estado-funcionário, que ainda podem ser pressupostos hoje na Alemanha, podem, dessa forma, compor um fator considerável no sistema de Estado político-partidariamente neutro e salvar o sentido por uma objetividade imparcial" (Schmitt, Carl. **O guardião da constituição**. p. 149).

[228] SCHMITT, Carl. **O guardião da constituição**. p. 149.

Carl Schmitt - Valores, Técnica, Economicidade e Guardião da Constituição

Schmitt para esse fenômeno que avançava é importante a valorização de suas conclusões de que a formação de um Estado técnico ou quase estritamente técnico era um caminho contínuo e irreversível.[229]

Ainda assim ele cita alguns exemplos de conselhos econômicos constituídos no próprio seio parlamentar, seja na França, na Inglaterra e na própria Alemanha. Aquele pluripartidarismo legislativo herdado do século XIX começava, aos poucos, a desaparecer com a criação de comissões especializadas criadas dentro do próprio seio do Parlamento que não contavam tão somente com o apoio de parlamentares, mas também eram compostas de um corpo técnico contratado pelo próprio Parlamento para auxiliar os seus membros na intrincada percepção e fiscalização da hegemônica Constituição Econômica.[230]

Mesmo quando escrevemos no capítulo anterior (seção 2) que a própria sociedade civil liberal havia solicitado a intervenção estatal para gerir os conflitos entre a classe que ascendia e a classe que a servia em certo momento na evolução legislativa em que as vicissitudes da vida comum se tornaram de tal maneira complexas que era indispensável que os interessados não deixassem apenas ao Parlamento esse tipo de discussão.

Ultrapassado o Estado corporativo onde todas as classes são representadas e o Estado age como mediador para evitar o conflito era imprescindível a formação de um corpo técnico preparado, fosse ele oriundo da elite ou do populacho, desde que preenchesse critérios técnicos para assumir a intrincada regulamentação da vida moderna. É neste ponto que se robustece o domínio do "Estado motorizado" ou da "legislação motorizada". Ao mesmo tempo em que o corpo técnico auxilia o destinatário da norma acerca da compreensão de sua imposição, simultaneamente ele obscurece o seu entendimento sobre o real sentido, porque o estado

---

[229] De certa maneira ele já identificara esta independência ao citar alguns exemplos de órgãos que agiam além das matérias convencionais que se sobressaíam à Justiça: "Mais sério e mais expandido dos círculos dos juristas da justiça é o esforço em criar uma espécie de Estado *pericial* e *parecerista* (*experto*) neutro, no qual as decisões políticas sejam cedidas aos especialistas de cada matéria em particular, especialmente aos peritos administrativos, técnico-financeiros ou econômicos" (SCHMITT, Carl. **O guardião da constituição**. p. 150).
[230] Schmitt cita dois exemplos característicos de total independência da ingerência política do *Reichstag*, ao discriminar a atuação do Banco do Reich e do sistema ferroviário da nação: "Além disso, com base no Estado obrigado a reparações de guerra, originam-se no Reich alemão dois institutos, cujo objetivo reside justamente em serem, contrariamente ao Estado de coalização partidário, grandezas independentes e neutras, o banco e a companhia ferroviária do Reich. São complexos autônomos e separados do governo e da administração estatais restantes, equipados com amplas proteções contra a influência político-administrativa" (SCHMITT, Carl. **O guardião da constituição**. p. 144).

136

5 O Guardião da Constituição e os Poderes Neutrais

técnico se destina ao enclausuramento de sua própria ciência, como se o destinatário fosse um incapaz a ser tutelado.

Por mais especializado que o corpo técnico seja para conduzir o "Estado econômico", o verdadeiro destinatário da norma não consegue alcançar as minudências das exigências do novo Estado econômico absoluto, e vê-se uma inclinação de rumos do pluripartidarismo para a tecnicalidade que nem sempre esclarece, embora fiscalize e regule como a abstração de controle que o populacho deseja.

Nos dois exemplos citados sobre a independência de poderes escreve Schmitt: "Em ambos os casos, banco e ferrovia, sobreveio uma cisão de direitos de soberania estatais e foi formado um sujeito jurídico autônomo que aparece perante o Estado partidário de forma independente e neutra".[231]

Não só autonomia administrativa como também patrimônios separados. Neste final da década de 1920, na Alemanha, seguindo mesmo o exemplo inglês das Comissões Independentes, constitui-se permanentemente um aparato separado do Estado com poderes de regulação sobre certas áreas de funcionamento estatal que já se sobrepõem ao Estado pluripartidário vigente.

7 Neutralizações insuficientes. Governo inoperante?

Simultaneamente à sua percepção da criação dos "poderes neutrais", Schmitt temia que a neutralização de ação dos poderes autônomos pudesse levar à perda da imparcialidade e da objetividade do Estado. E por quê? Porque, para Schmitt, na situação em que se encontrava a Alemanha, com frequentes substituições de governos, governos sem maioria e radicalizações violentas, criava-se incapacidade governativa e, com essa constatação, o governo deixava de tomar a verdadeira "decisão política" e desembocava em "migrações da substância política".

Se para a realidade daquele momento, ainda extremamente normativa-parlamentar, a falta da decisão política desagradava aos que desejavam governar, por outro lado era bem vista e apreciada pela oposição que desejava o caos. Daí a necessidade da criação de órgãos despolitizados para que as decisões independessem das querelas parlamentares. Mas muitos dos partidários que combatiam a falta de ação governamental também não enxergavam na política de neutralidade a solução ideal para se sair do impasse.

Era, efetivamente, uma questão de ocupação do poder. Aquele que o ocupava desejava que a ação política fosse efetiva, embora não o

---

[231] SCHMITT, Carl. **O guardião da constituição**. p. 156.

conseguisse. Aqueles que se opunham às ações do governo que comandava perpetravam toda espécie de procrastinação, ensejando a criação de órgãos independentes que agiam com base na tecnicalidade. Essa situação pontual alemã pode se estender a muitos outros países com situações semelhantes no continente europeu, e até mesmo na América do Norte. Embora a situação alemã fosse mais aguda, essa dialética formada entre o desejo da decisão estritamente política e o desejo da formação de órgãos técnicos engendra o conflito que exacerba os apoios e as oposições ao Estado neutro.[232]

E Schmitt ainda alerta para outro perigo do que chama de *Estado-perito-neutro*, já que se o Estado, ou o órgão criado para regrar as situações técnicas, é interessado na resolução do conflito ou da regulamentação, ele perde simultaneamente a sua função pericial. Se prevalecer a função pericial, para Schmitt há a perda do interesse.[233]

Schmitt preconizava que se as decisões políticas eram remetidas para apreciação pericial, a decisão política deixava de ser eminentemente estatal, embora pudesse ser recomendável a resolução por um perito técnico. No entanto, o deslocamento da decisão política para um órgão técnico equivalia, para Schmitt, a submeter a decisão política, v.g., a um corpo de servidores do Judiciário que não responderia a contento aos problemas do dia a dia, tendo em vista sua natureza peculiarmente dialógica, técnica e reflexiva. Sem descartar, obviamente, que os detentores do poder poderiam influenciar no preenchimento de cargos do Judiciário e/ou na nomeação de peritos.

Vê-se, pois, claramente no ideário de Schmitt que apesar de ele estar ciente da onda irrefreável da tecnicalidade, com a criação de "poderes

---

[232] Ironicamente nós veremos esse mesmo fenômeno se passando no Brasil, na segunda metade dos anos 1990, do século passado. Como parte da esquerda toma o poder com a eleição de Fernando Henrique Cardoso, a partir de janeiro de 1995 inicia-se um plano para a diminuição do Estado brasileiro e a criação de Agências Reguladoras, sobretudo para fiscalizar as empresas públicas que seriam desestatizadas. A maior oposição a este rumo acertado tomado pelo governo é engendrada pela esquerda sindicalista representada pelo Partido dos Trabalhadores, que se opunha ferrenhamente à modelagem das agências, lutando pelo primado das decisões políticas na condução econômica do país. Ao assumir o governo, em janeiro de 2003, o Partido dos Trabalhadores permanece com a política das Agências Reguladoras, criando até mesmo uma agência em setembro de 2005 (Agência Nacional de Aviação Civil), mas parte para a "partidarização" dessas autarquias preenchendo os cargos técnicos com membros do partido e de seus aliados no Congresso Nacional. A partir de 2010, já no final do segundo mandato do chefe do Partido dos Trabalhadores, as verbas que eram destinadas às Agências Reguladoras são contingenciadas em mais de 80% no Orçamento da União Federal.

[233] "[...] ou o perito é, ao mesmo tempo, interessado, não sendo, então neutro e o recurso à paridade não conduz à decisão, pois paridade, ao contrário, significa exatamente não decisão, ou o perito não é interessado, faltando-lhe, então, frequentemente o último e mais próprio conhecimento experto" (SCHMITT, Carl. **O guardião da constituição**. p. 159).

neutrais" para regrar a "Constituição Econômica" da sociedade, ele simultaneamente lamentava a falta de iniciativa política estritamente estatal, embora a criticasse em virtude das instabilidades parlamentares. Mas, por sua própria construção teórica ele não pode prescindir da defesa do Político como abarcador de todas as situações da vida, sejam elas adstritas às normas gerais produzidas pelo Parlamento, sejam elas emanadas de órgãos técnicos responsáveis por sua regulamentação:

> Tudo o que, de alguma forma, for de interesse público é de alguma forma político, e nada do que diz respeito essencialmente ao Estado pode ser despolitizado. A fuga da política é a fuga do Estado. Onde essa fuga termina e aonde o fugitivo chega não pode ser previsto por ninguém, em todo caso é certo que o resultado será ou o declínio do político ou, porém, uma outra espécie de política.[234]

E tudo se torna político. O Estado Democrático de Direito atual é o Estado mais político jamais imaginado por qualquer parlamentar do século XIX ou do século XX. Seja por meio da ação estatal direta, seja por meio de agências ou empresas públicas, agências ou órgãos independentes, o Estado se tornou o Leviatã do cidadão. Não há saída senão a aderência completa à sua normatização em todos os sentidos. Todos nós sentimos dificuldades em respeitar o excesso normativo dos dias atuais. Todos nós nos sentimos ultrajados com a perda da autodeterminação, a impossibilidade de usufruir da vida sem regulamentações. Estamos, verdadeiramente, diante de um monstro, seja ele político ou neutro. "A vida do homem atual não é favorável para a profundização. Carece de calma e de contemplação, é uma vida de incessante atividade e pressa, um competir sem objetivo e sem sentido", como afirmou Hartmann na introdução de sua obra sobre Ética.[235] Atualmente nos defrontamos com a submissão completa ao domínio da técnica, que, por sua vez, já envolveu também o Estado. O Estado fez dela uma ferramenta, mas acabou sugado por seus tentáculos envolventes e não consegue, e não deseja, prescindir de suas conquistas.

Se há um restolho na capacidade de decisão do homem, para Schmitt essa possibilidade ainda se encontra no domínio do Político. É em um ou mais órgãos compostos de homens com possibilidade de decidir que se encontra a tentativa de controle do Estado da "Constituição Econômica". Mesmo que os instrumentos utilizados sejam os da própria técnica

---

[234] SCHMITT, Carl. **O guardião da constituição**. p. 161.
[235] HARTMANN, Nicolai. Ética. 1. ed. Madrid: Encuentro, 2011. p. 58.

Carl Schmitt - Valores, Técnica, Economicidade e Guardião da Constituição

mantenedora e destruidora da liberdade humana, é somente por meio do controle desta técnica que o homem pode tornar a vida mais humana, mais aceitável, em um mundo cada vez mais relativizado, desencantado, carente de humanização, necessitado de uma pequena porção de imaterialidade.

8 Imprescindibilidade do Guardião da Constituição

Para Schmitt, o que muitos preconizavam como a saída para um Estado com menos Estado era justamente o que ele combatia. A tentativa de despolitizações carece da formação de órgãos que possam oferecer severa resistência aos grupos de interesse que continuariam agindo, seja no Parlamento, seja fora, nas agências ou órgãos despolitizados.

"Neutralidade no sentido de imparcialidade e objetividade não se constituiu em fraqueza e apolitismo, mas em seu contrário".[236] Ao analisar a Constituição de Weimar, Schmitt infere que no jogo parlamentar e plebiscitário previsto pela mesma há uma figura central que tramita entre os poderes e coordena a ação estatal e a condução dos poderes neutrais, e este poder é justamente o Presidente do Reich. É o Presidente do Reich que lida com o Parlamento e nomeia, segundo indicações dos componentes dos órgãos autônomos, os presidentes desses órgãos.[237]

Em situação de emergência, Schmitt vai sempre relembrar a utilização do art. 48 da Constituição de Weimar que previa, em casos de desordens ou ameaças, que o Presidente do Reich pudesse agir *motu proprio*, comunicando posteriormente ao *Reichstag* a sua decisão, cabendo a este a possibilidade de revogar as medidas excepcionais.

Embora ato discricionário do Presidente do Reich, ele constitui verdadeiro dever do dirigente máximo caso seja constatada a situação objetiva prevista constitucionalmente. Em 20 de julho de 1932 foi decretado ato interventivo no Estado-membro (*Land*) da Prússia pelo presidente da República, Marechal von Hindenburg, e executado pelo Primeiro-Ministro von Papen.[238] Tal ato tinha como objetivo principal extirpar a baderna e a violência que vinham sendo perpetradas naquele Estado-membro pelos embates do partido comunista contra o partido nacional-socialista de Hermann Goering. Os atos de violência eram quase diários, e havia

---

[236] SCHMITT, Carl. **O guardião da constituição**. p. 168.

[237] Schmitt cita com frequência o Banco do Reich, autoridade monetária e cambial e o sistema ferroviário do Reich, como exemplos modelo que estavam além das interferências parlamentares.

[238] Acontecimentos posteriores à redação da teorização de Schmitt na obra **O guardião da constituição**.

140

5 O Guardião da Constituição e os Poderes Neutrais

um sério risco de o partido nacional-socialista ocupar o poder estadual tendo como ministro-presidente da Prússia o próprio Hermann Goering.

O ato interventivo foi decretado e a Prússia, a Baviera e outros Estados alemães, com sentimento ferido de ultraje ao federalismo alemão, impetraram perante a Corte de Leipzig (Corte Constitucional à época) ação visando a restituir o *statu quo* da Prússia como Estado autônomo. A União Alemã foi defendida por Carl Schmitt no Tribunal de Leipzig, que sustentou a tese de tratar-se o Presidente do Reich de Guardião da Constituição no caso de ameaça à Federação Alemã.

Sua primeira colocação era que o Presidente do Reich poderia agir de maneira puramente discricionária, no caso do art. 48 da Constituição de Weimar para proteger a Constituição.[239] Para Carl Schmitt, o Presidente do Reich era o defensor político da Constituição Alemã, a Corte de Justiça somente poderia apreciar o descumprimento da Constituição se ele se colocasse de maneira jurisdicional, e o caso da Intervenção na Prússia, para Carl Schmitt, era assunto político, com afastamento do exame jurisdicional por parte da Corte de Leipzig.[240]

No pensamento de Carl Schmitt, se o tribunal viesse a apreciar o mérito da Intervenção na Prússia seria submeter o político ao Judiciário, seria

---

[239] « *[...] La Cour de justice protège seulement la Constitution sous une forme juridictionnelle et selon une procédure juridictionnelle. Puisque la Constitution est une structure politique, elle nécessite, en outre, des décisions politiques essentielles, et je crois qu'à cet égard, le président du Reich – le Gardien de la Constitution –, et précisément ses pouvoirs issus de l'article 48 ont, tant pour la partie fédérative que pour toute autre composante de la Constitution, pour signification première de constituer un gardien véritablement politique de la Constitution. S'il investi, en cette qualité, un gouvernement de Land commissionné, alors il agit également en tant que gardien de la Constitution, sur la base de sa décision essentiellement politique, qui, à l'intérieur de certaines limites que nous avons fixés, s'en remet à son libre pouvoir d'appréciation politique. Mais cela demeure ici sa décision politique* » (BEAUD, Olivier. **Les derniers jours de Weimar –** Carl Schmitt Face à l'Avènement du Nazisme. 1. ed. Paris: Descartes & Cie., 1997. p. 134-135).
[240] Dizia o art. 48 da Constituição de Weimar: "Se um Estado não exerce seus deveres previstos na Constituição ou nas Leis do Reich, o Presidente do Reich PODE obrigá-lo a cumpri-los, com a ajuda das forças armadas.
O Presidente do Reich PODE, quando a segurança e a ordem pública estiverem gravemente perturbadas ou comprometidas no Reich Alemão, tomar as medidas necessárias para restabelecê-las, em caso de necessidade, ele PODE recorrer à força armada. Para este fim ele PODE suspender total ou parcialmente o exercício dos direitos fundamentais garantidos nos artigos 114, 115, 115, 117, 118, 123, 124 e 153.
De todas as medidas tomadas em virtude da primeira ou segunda alínea do presente artigo, o Presidente do Reich DEVE dar, sem atrasos, conhecimento ao *Reichstag* (Parlamento Alemão). Essas medidas DEVEM ser ab-rogadas se assim o requerer o *Reichstag*.
Se houver perigo na demora, o governo de um Estado pode, para o seu território, tomar medidas provisórias no sentido indicado na alínea 2. Essas medidas devem ser ab-rogadas quando o Presidente do Reich ou o Presidente do *Reichstag* demandarem".

Carl Schmitt - Valores, Técnica, Economicidade e Guardião da Constituição

jurisdicionalizar o político. Para ele o Presidente do Reich poderia intervir em qualquer Estado alemão segundo os parâmetros estabelecidos pelo art. 48 da Constituição. A Constituição alemã falava em comprometimento da segurança e ordem pública, o que significava um campo vasto de averiguação política ao poder do Presidente. Como ato político, Carl Schmitt coloca o ato interventivo na categoria de um poder discricionário de inquirição das situações alarmantes, mas uma vez constatada a situação de perigo à Federação ou à ordem pública o ato interventivo torna-se um dever.[241]

Se a redação do art. 48 ainda era uma herança da era imperial, como muitos interpretavam, o que mais importava era a necessidade que havia de se deferir a algum dos poderes da nova república a capacidade de agir isoladamente e comunicar posteriormente. Na República os atos excepcionais são encarados como atos ditatoriais, e nada mais falso do que permear a interpretação de um importante dispositivo para a manutenção da ordem com uma mirada para o passado, onde importava a vontade única do soberano.

Na República importa a vontade do poder constituinte que decidiu por não prescindir de um instrumento de força nas horas necessárias. É efetivamente um dispositivo que atende ao conjunto jurídico-constitucional alemão, como atende a vários sistemas normativo-constitucionais do mundo ocidental. Embora Schmitt não se canse de afirmar que a exceção nunca pode ser prevista normativamente.

Apesar de o caso examinado ter sido típico de um estado de desordem no interior da Federação alemã, Schmitt entende que o mesmo poder tem o Presidente do Reich caso haja medidas necessárias ou discordâncias no campo econômico que precisem ser resolvidas emergencialmente. O poder econômico se desenvolvera simultaneamente ao sistema parlamentar e o ultrapassara. Os membros da Câmara Baixa alemã, e isso pode ser estendido para todos os Parlamentos atuais, não têm a capacidade de analisar e decidir com a rapidez que o órgão executivo do Estado tem, caso haja necessidade de implantar medidas emergenciais nesse setor.

Tanto o art. 48 da Constituição de Weimar quanto o art. 55 da Constituição Prussiana reconheciam como admissível o estado excepcional quando se tratasse de assuntos de cunho econômico e financeiro, permitindo ao

---

[241] *"C'est un devoir du président du Reich et du government du Reich, que determine la politique du Reich que, au vu de la situation de politique intérieure dans un Land comme la Prusse, de ne pas attendre l'éclatement de la guerre civile, et au contraire, s'il apparaît nécessaire, selon son pouvoir discrétionnaire, qui n'est pas sans devoir (pflichtgemäbes Ermessen), de garantir, contre cette décomposition, l'unité du Reich et la situation constitutionnelle du Land en tant qu' État, en usant des moyens de l' article 48"* (BEAUD, Olivier. **Les derniers jours de Weimar** – Carl Schmitt Face à l' Avènement du Nazisme. p. 138-139).

5 O Guardião da Constituição e os Poderes Neutrais

Presidente do Reich a aplicação de poderes legislativos extraordinários, ainda que sob pena de revogação do *Reichstag*.[242]

O Guardião da Constituição preconizado por Schmitt vem de encontro à sua concepção do conceito de Constituição absoluta. Como escrevemos anteriormente, o Estado como forma política, unidade de ordenação, é preexistente a qualquer noção de normatividade positivada. Assim, o Guardião da Constituição não é propriamente o Guardião de um aparato normativo, embora possa sê-lo, ele é antes de tudo o Guardião do sistema econômico imposto ou adotado pela maioria das nações, especialmente as do mundo ocidental. Guardar a estabilidade sistemática do *homo œconomicus* passa a ser a sua principal atividade ao lado da manutenção da ordem. Ultrapassada a era das religiões e abrandada a força das ideologias políticas, a centralidade se mira na estabilidade econômica da nação. É esta estabilidade que traz a prosperidade e o caminho para ordenar o social.

Essa preocupação, exemplificadamente, pode ser constatada na redação de alguns dispositivos de Constituições e leis de nações ocidentais. Nos Estados Unidos da América em 1913, é criado o *Federal Reserve System* para regrar todo o sistema bancário nacional. Uma série de crises bancárias, em especial aquela do ano de 1907, que ficou conhecida como *1907 Bankers' Panic*, desencadeou a necessidade de se criar uma instituição reguladora da atividade bancária. O Federal Reserve System foi concebido como uma organização privada, com fundos de bancos norte-americanos privados, mas com a ingerência do poder político, pois é o presidente dos Estados Unidos que indica seu presidente e os membros de sua diretoria, e cabe ao Senado norte-americano a aprovação dos nomes.

Em 1998, foi criado o Banco Central europeu visando à criação de uma moeda única para todos os países-membros da Comunidade Europeia. Embora a sistematização da criação da moeda única preceda em muitos anos a criação do Banco Central, sua institucionalização foi um marco na vida europeia e na fortificação da moeda europeia para todo o mundo.

O presidente, o vice-presidente e quatro vogais são indicados pelo Conselho Europeu. Todos têm mandato de oito anos não renovável.

O Conselho Europeu é constituído pelos chefes de Estado e/ou de governo de todos os Estados da União Europeia. O presidente, o vice e os vogais devem ter a aprovação prévia do Parlamento europeu. O Conselho do Banco Central europeu é composto por um Comitê executivo e pelos dirigentes dos bancos centrais dos países-membros. Esses diretores dos países-membros têm mandato de cinco anos. A atuação de todos

---

[242] SCHMITT, Carl. **O guardião da constituição**. p. 173.

os bancos centrais europeus, sejam da zona do Euro, sejam apenas da Comunidade Europeia, deve se ajustar às diretrizes ditadas pelo Banco Central europeu.

Formalmente trata-se de um banco central independente. Todas as instituições e parlamentos europeus devem respeitar a independência do banco central por determinação de tratados que criaram a União Europeia e o próprio Banco Central.

Os membros de sua diretoria podem ser destituídos por incompetência ou má conduta aferível pelo Conselho Europeu que os indicou.

O Banco Central inglês, conhecido como Banco da Inglaterra, existe desde 1694. Ele foi estatizado em março de 1946, no governo de Clement Richard Attlee, conhecido líder do Partido Trabalhista que derrotou Winston Churchill nas primeiras eleições parlamentares realizadas após o fim da Segunda Grande Guerra.

Em 1998, o Banco da Inglaterra recebeu autorização da Rainha e do Parlamento inglês para voltar a ter a independência característica de um Banco Central que coordenava a política monetária e fiscal da Grã-Bretanha.

O banco é composto de um Governador Geral (presidente), com mandato de oito anos; um diretor para assuntos financeiros, um diretor para assuntos de política monetária, um diretor para a área de seguros, todos com mandato de cinco anos e outros nove diretores não executivos, com mandato de três anos. Todos são indicados pela Rainha, que naturalmente ouve o gabinete que governa acerca das competências de seus membros. Não podem ser destituídos ao bel prazer da Coroa, apenas quando cometerem atos de má-fé ou descumprirem as funções que assumiram quando tomaram posse.

Os executivos do Banco devem prestar contas de seu trabalho ao Comitê do Tesouro da Câmara dos Comuns, mas este Comitê não tem poder de veto sobre as ações do Banco da Inglaterra. Apenas é um elo entre as políticas empreendidas pelo banco e o Parlamento Inglês. Até 2001 havia um Comitê de Política Monetária na Casa dos Lordes que fiscalizava as ações do Comitê de Política Monetária (Monetary Policy Committee) e do Comitê de Política de Finanças (Financial Policy Committee). Este Comitê continua a existir, mas não tem o poder de vetar ou impedir as ações do Banco da Inglaterra.

Nossa Constituição atual (1988), que exemplificadamente em seu art. 62 permite ao Presidente da República, em caso de relevância e urgência, adotar medidas provisórias com força de lei, inclusive para abertura de créditos extraordinários para atendimento a despesas imprevisíveis e urgentes (art. 167, § 3º); nomeação do presidente e dos diretores do Banco Central que cuidam da política macroeconômica (art. 84, XIV), além da

5 O Guardião da Constituição e os Poderes Neutrais

possibilidade de Medida Provisória que institua ou majore impostos com efeitos imediatos (art. 62, § 2º), especificamente os impostos de importação de produtos estrangeiros; exportação, para o exterior, de produtos nacionais ou nacionalizados; produtos industrializados; operações de crédito, câmbio e seguro, ou relativas a títulos ou valores mobiliários (art. 153, I, II, IV e V) ou na iminência ou no caso de guerra externa (art. 154, II).

Além disso, para a instituição ou a majoração de vários tributos não necessita o Presidente da República, com aprovação posterior do Congresso Nacional, respeitar o princípio da anualidade tributária (art. 150, III, letra "b") nem o da trimestralidade anterior (art. 150, III, letra "c").

O Banco Central é o único órgão autorizado a emitir moeda mediante autorização prévia do Congresso Nacional (art. 164).[243] A política monetária, no caso brasileiro, é conduzida pelo Conselho Monetário Nacional, que se submete à autoridade do Banco Central do Brasil no que se refere a premissas macroeconômicas estabelecidas previamente pelo presidente da República (art. 4º da Lei nº 4.595, de 31/12/1964). O Conselho é composto de 10 membros: o Ministro da Fazenda, que será seu Presidente; o Presidente do Banco do Brasil S.A.; o Presidente do Banco Nacional do Desenvolvimento Econômico e sete membros nomeados pelo Presidente da República, após aprovação do Senado Federal, escolhidos entre brasileiros de ilibada reputação e notória capacidade em assuntos econômico-financeiros, com mandato de sete anos, podendo ser reconduzidos.

Os membros aprovados pelo Senado podem ser destituídos exclusivamente por motivos relevantes, expostos em representação fundamentada do Conselho Monetário Nacional (art. 6º, § 4º, da Lei nº 4.595, de 31/12/1964). Os demais membros do Conselho são demissíveis *ad nutum* pelo presidente da República, pois são servidores comissionados escolhidos pelo próprio.

Nos casos brasileiro e europeu pode-se perceber que a autonomia dos bancos centrais é relativa. Ela se afirma com maior contundência nos exemplos norte-americano e inglês.

Os casos norte-americano, europeu, inglês e brasileiro são apenas exemplificativos de como os poderes emergenciais, no que se refere à concretização da Constituição Econômica, estão adstritos ao Poder Executivo com

---

[243] Pela volatilidade das intempéries econômicas brasileiras que já havia levado um presidente do Banco Central e alguns diretores a responderem criminalmente pela regularização do mercado financeiro, o ocupante da cadeira, a partir de 2003, solicitou ao presidente da República que o atendeu e criou a proeminência de Ministro de Estado para os presidentes do Banco Central, a partir de 2004. Com esta prerrogativa, o presidente do Banco Central deve sempre ser processado, em casos de condutas criminais, perante o Supremo Tribunal Federal.

maior ou menor grau de independência. Nesta seara, que Schmitt identifica como completamente política, pois já faz parte da centralidade constitucional e sistemático-normativa das nações, o Guardião da Constituição não pode ser outro senão o próprio Chefe do Executivo. No caso inglês, apesar de efetivamente a Rainha possuir poderes para conduzir e nomear os responsáveis pelas políticas financeira e monetária, a bem da verdade ela está constantemente ouvindo o Primeiro-Ministro sobre esses assuntos.

Embora, no exemplo europeu, a formulação da política econômica seja mais complexa, pois o Conselho Europeu é quem indica os representantes do Banco Central, os membros deste devem ter estritas capacidades técnicas, e na constatação de incapacidade de regularizar as crises caberá ao próprio Conselho Europeu, cuja composição é dos Chefes de Estado e Governo dos países da Comunidade, retirar do Banco Central europeu a diretoria indicada.

Não foi intuito deste escrito relativizar e retirar quaisquer dos poderes jurisdicionais das cortes judiciais no exame das lesões que os atos de quaisquer dos responsáveis podem causar aos regramentos nacionais. Contudo, o avançar da técnica demonstra quão extemporânea pode ser a intervenção jurisdicional no manejo de crises econômico-financeiras, não restando ao aparato político outra escolha que a criação de poderes independentes para manear as crises de um mundo economicizado.

Mesmo com a presença do que Schmitt chama de *poderes neutrais*, a civilização ocidental ainda não se preparou completamente para admitir a cabal independência do político no controle da técnica. É justamente nessas reminiscências de um tempo que o Parlamento efetivamente ditava os rumos das nações que a técnica se aproveita para arquitetar as preferências pessoais e políticas em vez das escolhas profissionais. E nesse andar amador do mundo da política, a técnica sobrepuja o controle político e impõe o seu movimento de independência.

A centralidade econômica exige um Guardião constitucional sem as limitações jurisdicionais. Não pode ser outro do que o Poder Executivo, o único capaz de possuir formação técnica e agir com brevidade em momentos de crises ou em momentos que exijam conhecimentos técnicos específicos.

A adaptação à Constituição Econômica passa por este reconhecimento. A guarda da Constituição por um órgão jurisdicional tende a desconhecer a era em que vivemos e a burocratizar soluções que a centralidade econômica exige que sejam céleres e técnicas.

Se não houver este reconhecimento, a economicidade da vida será tolhida e engendrará a tibieza da função econômica estatal.

Bibliografia

Principais obras de Carl Schmitt estudadas:

SCHMITT, Carl. **La dictature**. 1. éd. Paris: Éditions du Seuil, 2000.

_____. **La tiranía de los valores**. 1. ed. Granada: Editorial Comares, 2010.

_____. **Legalidade e legitimidade**. 1. ed. Belo Horizonte: Del Rey Editora, 2007.

_____. **Legality and legitimacy**. 1st. ed. London: Duke University Press, 2004.

_____. **O conceito do político – Teoria do partisan**. 1. ed. Belo Horizonte: Del Rey Editora, 2009.

_____. **Roman catholicism and political form**. 1. ed. London: Greenwood Press, 1996. p. X.

_____. **The crisis of parliamentary democracy**. 1. ed. Cambridge: Massachusetts Institute of Technology Press, 1988.

_____. **Théologie politique**. 1. éd. Paris: Éditions Gallimard, 1988.

Bibliografia geral:

ALMEIDA FILHO, Agassiz de. **Fundamentos do direito constitucional**. 1. ed. Rio de Janeiro: Forense, 2007.

APPOLD, Kenneth G. **The reformation**. 1st. ed. West Sussex: Wiley-Blackwell, 2011.

BAUMAN, Zygmunt. **A ética é possível num mundo de consumidores?** 1. ed. Rio de Janeiro: Zahar Editores, 2011.

BEAUD, Olivier. **Les derniers jours de Weimar:** Carl Schmitt face à l'avènement du nazisme. 1. éd. Paris: Descartes & Cie., 1997.

BERCOVICI, Gilberto. As Possibilidades de uma Teoria do Estado. *In*: **Revista da Faculdade de Direito da UFMG**. Belo Horizonte, nº 49, p. 87, jul.-dez. 2006.

BERLANGA, José Luis Villacañas. **Poder y conflicto – Ensayos sobre Carl Schmitt. 1. ed. Madrid: Biblioteca Nueva, 2008. BLANCPAIN, Marc. **Guillaume II**. 1. éd. Paris: Perrin, 1998.

BLED, Jean-Paul. **François-Joseph**. 1. éd. Paris: Fayard, 1987.

BONAVIDES, Paulo. **História constitucional do Brasil**. 3. ed. São Paulo: Paz e Terra, 1991.

CANGUILHEM, Georges. **O normal e o patológico**. 1. ed. Rio de Janeiro: Forense Universitária, 2011.

CERQUEIRA, Marcello. **A constituição na história**. 1. ed. Rio de Janeiro: Revan, 2006.

CRISTI, Renato. **Carl Schmitt and authoritarian liberalism**. 1. ed. Cardiff: University of Wales Press, 1998.

CUMIN, David. **Carl Schmitt** – Biographie politique et intellectuelle. 1. éd. Paris: Éditions du Cerf, 2008.

DERRIDA, Jacques. **Políticas de amistad seguido del oído de Heidegger**. 1. ed. Madrid: Editorial Trotta, 1998.

DÍEZ, Luis Gonzalo. **Anatomía del intelectual reaccionario: Joseph de Maistre, Vilfredo Pareto y Carl Schmitt** – La metamorfosis fascista del conservadurismo. 1. ed. Madrid: Biblioteca Nueva, 2007.

DILTHEY, Wilhelm. **Introdução às ciências humanas**. 1. ed. Rio de Janeiro: Forense Universitária, 2010.

EVANS, Richard J. **A chegada do terceiro Reich**. 1. ed. São Paulo: Planeta, 2010.

FRIEDEN, Jeffry A. **Capitalismo global** – História econômica e política do século XX. 1. ed. Rio de Janeiro: Zahar, 2008.

GALLI, Carlo. Carl Schmitt and the Global Age. *In*: **The New Centennial Review**, v. 10, nº 2, p. 4, 2010.

GASSET, José Ortega y. Opúscula Filosófica. *In*: **Introducción a una estimativa. ¿Qué son los valores?** 1. ed. Madrid: Ediciones Encuentro, 2004.

HARTMANN, Nicolai. **Ética**. 1. ed. Madrid: Encuentro, 2011.

HIRST, Paul. Statism, Pluralism and Social Control. *In*: **British Journal of Criminology**, v. 40, p. 279, 2000.

HOBBES, Thomas. **Leviatã**. 2. ed. São Paulo: Martins Fontes, 2008.

HONNETH, Axel. **Luta por reconhecimento** – A gramática moral dos conflitos sociais. 2. ed. São Paulo: Editora 34, 2009.

HUSSERL, Edmund. **A crise das ciências europeias e a fenomenologia transcendental** – Uma introdução à filosofia fenomenológica. 1. ed. Rio de Janeiro: Forense Universitária, 2012.

KELSEN, Hans. **Autobiografia**. 1. ed. Rio de Janeiro: Forense Universitária, 2011.

_____. **Teoria pura do direito**. 6. ed. São Paulo: Martins Fontes, 1998.

KERVÉGAN, Jean-François. **Hegel, Carl Schmitt** – Le politique entre spéculation et positivité. 1er éd. PUF: Paris, 2005.

KOYRÉ, Alexandre. **Estudos de história do pensamento filosófico**. 2. ed. Rio de Janeiro: Forense Universitária, 2011.

LE GROS, Robert. **O advento da democracia**. 1. ed. Lisboa: Instituto Piaget, 1999.

Bibliografia

MACEDO JÚNIOR, Ronaldo Porto. **Carl Schmitt e a fundamentação do direito**. 2. ed. São Paulo: Saraiva.

MAQUIAVEL, Nicolau. **O príncipe**. 4. ed. São Paulo: Martins Fontes, 2010.

McCORMICK, John P. **Carl Schmitt's critique of liberalism** – Against politics as technology. 1st ed. Cambridge: Cambridge University Press, 1997.

MOUFFE, Chantal. **The democratic paradox**. 1. ed. London: Verso, 2000.

MÜLLER, Jan-Werner. **Carl Schmitt – Un esprit dangereux**. 1. éd. Paris: Armand Colin, 2007.

PASQUINO, Pasquale. Cour Constitutionelle et Théorie de la Démocratie. *In*: BEAUD, Olivier; PASQUINO, Pasquale. **La controverse sur « le gardien de la constitution » et la justice constitutionelle** – Kelsen contre Schmitt. 1er ed. Paris: Editions Panthéon Assas, 2007.

SAYERS, Sean. Why Work? Marx and Human Nature. *In*: **Science and society**, v. 69, nº 4, p. 609, October 2005.

SCHELER, Max. Ética. 3. ed. Madrid: Caparrós Editores, 2001.

SCHMITT, Carl. A Revolução Legal Mundial: Superlegalidade e Política. *In*: **Revista Lua Nova**. São Paulo, nº 42, p. 107, 1997.

_____. **La dictature**. 1. éd. Paris: Éditions du Seuil, 2000.

_____. **La tiranía de los valores**. 1. ed. Granada: Editorial Comares, 2010.

_____. **Legalidade e legitimidade**. 1. ed. Belo Horizonte: Del Rey Editora, 2007.

_____. **Legality and legitimacy**. 1st. ed. London: Duke University Press, 2004.

_____. **O conceito do político** – Teoria do partisan. 1. ed. Belo Horizonte: Del Rey Editora, 2009.

_____. **Roman catholicism and political form**. 1. ed. London: Greenwood Press, 1996. p. X.

_____. **The crisis of parliamentary democracy**. 1. ed. Cambridge: Massachusetts Institute of Technology Press, 1988.

_____. **Théologie politique**. 1. éd. Paris: Éditions Gallimard, 1988.

_____. **Théorie de la constitution**. 1er ed. Paris: PUF, 1993.

STANLEY, Paulson. The Theory of Public Law in Germany – 1914-1945. *In*: **Oxford Journal of Legal Studies**, v. 25, nº 3, p. 541, 2005.

WEBER, Max. **A ética protestante e o "espírito" do capitalismo**. 1. ed, 9. reimpressão. São Paulo: Companhia das Letras, 2004.

ZETTERBAUM, Marvin. Aléxis de Tocqueville. *In*: **Historia de la filosofía política**. 1. ed. 4. reimpresión Ciudad de México: Fundo de Cultura Económica, 2004.

Índice

A

Agonia do regime e o ideário do *Kronjurist*, 20
Alienação, 83
Antítese binária, 30
Arcana Imperii, 11
Aristocracia de robe, 129
Ascensão do humanitário-moral, 86
Autoridade única (*Führerstaat*), 14

B

Banco Central inglês, 144
Binômio
hierarquia, 114
subordinação, 114

C

Câmara
alta (*Staatenhaus*), 11
baixa (*Volkshaus*), 11
Capitalismo, 49
Carta encíclica *Quanta Cura*, 16
Catolicismo e aproximação com o fascismo, 16
Cidadania *atécnica*, 91
Ciências do espírito, 5
Conceito
de Estado pressupõe o conceito de político, 46
de político, 58
Concepção schmittiana, 129
Conselho europeu, 143
Constituição(ões), 114, 115
como noção absoluta e como noção positiva, 110
comportamental, 130
de estado (*Staatsverfassung*), 129
de Frankfurt ou *Paulskirchenverfassung*, 11
de Weimar, 8, 24, 112, 125, 126, 130, 140
artigo 48, 4, 141, 142
artigo 76, 24

do Império alemão, 11
do Reino Unido, 112
Econômica, 130, 136
garantias, 40
jurisdicional (*Gerichtsverfassung*), 129
positiva, 112
Contravalor, 66
Corte de Leipzig, 141
Crise
bancária *1907 Bankers' Panic*, 143
de 1929, 20

D

Débâcle, 34, 40
Decisionismo schmittiano, 6
Declaração dos Direitos do Homem e do Cidadão, 78
Definição hobbesiana, 36
Democracia, 10, 12, 13, 61
de massa, 27
formal, 69
frágil e as primeiras ideias de Carl Schmitt, 4
parlamentar, 22
alemã, 8
popular, 18
pós-guerra, 69
universal, 13
Demos, 12
Desteologização da vida, sua mecanização e o triunfo da técnica, 50
Direito e Lei Positiva, 119
Discurso sobre a Ditadura, 30
Ditadura, 30
comissária, 15
DNVP (*Deutschnationale Volkspartei*), 21
Doutrina do Estado em sua forma hegeliana, 16

E

É indispensável um guardião constitucional jurisdicional?, 121
É possível uma vontade política planificada, uma ordem superlegal?, 76

Índice

Economicidade e uma possível ética de valores, 94
Enabling Act, ou Lei de Permissão, 25
Estado
  absolutista, 90
  administrativo (*Verwaltungsstaat*), 91
  autêntico, 90
  capitalista coletivo, 90
  de Direito (*Rechsstaat*), 119
  Democrático de Direito, 98, 108
  Econômico, 109
    controle social e o, 89
  forte, 90
  legislador (*Gesetzgebungstaat*), 119
  motorizado, 136
  natural hobbesiano, 66
  neutro, 138
  onipresente e totalitário, 98
  Social, 90, 108, 109
    Democrático, 90, 92
    ou Estado Total (*Fuhrerstaat* de 1933 a 1945), 61
    policialesco, 90
  técnico, 75
  Total, 90
  unipartidário, 132
Ethos, 15, 41
Ética valorativa, 52
Exercício do poder por parte do Estado, 72
Exigência de coerência, 123
Extinção da vontade política, 71

F

Fascio, 18
Forma de *diktat*, 122
Formação alemã tradicional (*Kultur*), 7
Fórmula de Forsthoff, 74
Funções neutrais, 135

G

Guardião da Constituição (*Der Hütter der Verfassung*), 100, 125, 126, 130, 146
Guardião político, 125

H

Heterogeneidade
  de princípios, 11
  de propósitos, 11
  do parlamentarismo, 11
Homogeneidade, 12

Homus
  oeconomicus, 56, 82, 99
  sovieticus, 82

I

Ideário
  de Montesquieu, 99
  do *Kronjurist*, 1
Iluminismo rousseauniano, 31
Imprensa livre, 11
Imprescindibilidade do guardião da constituição, 140
Inspiração weberiana para a significação da técnica como irracionalidade, 48
Institucionalização da democracia, 26

K

Kapp-Lüttwitz Putsch, 102
Kronjurist, 27

L

La raison d'être, 60
Legislação motorizada, 136
Lei Positiva, 119
Liberalismo, 47
  coletivista, 89
  do *laissez-faire*, 89

M

Meios funcionais, 50
Modelo kelseniano, 123
Movimento de Direito Livre (*freies Recht*), 6

N

Neutralizações
  despolitizações e, 80
  insuficientes. Governo inoperante?, 137

O

Opção pela vida acadêmica e as primeiras discordâncias ao regime de Weimar, 9
Ordem (*Ordnung*), 116, 117
Orientalização da *Mitteleuropa*, 8

Índice

P

Parlamentarismo, 10, 61, 72
Parlamento do Império, 11
Partido
   do Povo, 9
   Nacional Socialista dos Trabalhadores
    alemães (NSDAP), 22
Pensamento neokantiano, 5
Pluralismo e concentração de decisão, 100
Poderes neutrais, 138, 139, 146
Policracia, 102, 107
Positivismo, 32, 42
   científico, 32
   legal, 40
   puro, 36
Präsidialkabinett, 21
Prestações de serviço do Estado, 71, 72
Princípio da maioria, 122
Produção eficiente, 50

Q

Quis custodiet ipsos custodes, 50

R

Razão instrumental, 50
Regime de Weimar, 1, 9, 73
Reichspräsident, 126
República, 142
   de Weimar, 8, 10, 23
Romantismo político, 30

S

Senseless purpose, 106
Status mixtus, 104
Summa Teologica de Thomas de
   Aquino, 116

Superlegalidade Pré-Fascista, 69
Supremacia metodológica da
   interpretação, 119

T

Tecnologia como política, 44
Teologia política, 30
Teorização
   da democracia política, 121
   de Kelsen, 124
Tirania dos valores, 29, 31
Tratado de Lisboa, 114
Tribunal do Reich (*Reichsgericht*), 126

U

União aduaneira alemã (*Zollverein*), 9

V

Valor, 66
Valoração, 43
   do político, 63
Valores
   banalizados, 38
   constitucionalizados, 38
   éticos, 52
   tiranizados, 38
Valorização do dinheiro e de uma
   profissão, 15

W

Willen zur Macht, 34

Z

Zentrum, 5, 8, 20-22